Göttlicher Sex

Energie-Zeichnungen von Michael Barnett

WEITERE BÜCHER VON MICHAEL BARNETT IN DEUTSCH

Energie und Transformation (1981)
Handbuch für die Kunst des Springens (1987)
Der Soma Weg (1987)
Es gibt nichts Besseres (1987)
Der Himmel ist um die Ecke (1988)
Ferien in Teufels Küche (1989)
Falltür ins Grenzenlose (1990)
Der menschliche Diamant (1991)
Wenn nicht nie - dann jetzt! (1992)
Diamant Yoga Handbuch (1993)
Sei Frei (1995)

Bücher in Englisch und anderen Sprachen, siehe S. 126

Göttlicher Sex

Michael Barnett

CEC - Cosmic Energy Connections 1995

Barnett, Michael:
Göttlicher Sex/Michael Barnett.
Aus dem Englischen von Myoshin A. Laubacher & Samida A. Steurer
1. Auflage
Deutsche Erstveröffentlichung 1995
Zürich: CEC - Cosmic Energy Connections, 1995
ISBN 3-905 276-27-5

© 1995 CEC - Cosmic Energy Connections
c/o Energy World, F-87360 Verneuil Moustiers
Das Werk ist in allen seinen Teilen urheberrechtlich geschützt
Alle Rechte vorbehalten
Titel der englischen Originalausgabe: Divine Sex
© 1995 CEC - Cosmic Energy Connections

Herausgeber: Kozan S. Barnett & Andrekka P. Anderson,
Herausgeber der deutschen Ausgabe: Myoshin A. Laubacher & Samida A. Steurer
Übertragung aus dem Englischen: Myoshin A. Laubacher & Samida A. Steurer
Korrektur: Manasa S. Pásztor, Juani N. Stolle, Harafa P. Pfeifer, Busho F. Acha
Gestaltung: Andrekka P. Anderson & Deepana R. Baumgartner
Umschlaggestaltung: Manimaya A. Zoccolan
Energie-Zeichnungen: Michael Barnett
Illustration des Meditationskapitels: Manimaya A. Zoccolan
Filme: Compostyles, Limoges, Frankreich
Druck: GDS Imprimeurs, Limoges, Frankreich
Schriftbild: Times 11/14

ISBN 3-905 276-27-5

Inhalt

Vorwort 9

Vorspiel zum Göttlichen Sex 11

Was ist Göttlicher Sex? 19

Erotik leben - Erotisches Leben 35

Meditationen 89

Über den Autor 112

Glossar 114

Literaturempfehlungen 118

Ich will jetzt mal alles auf den Kopf stellen. Viele von euch sagen in ihren Briefen: "Das, was ich heute bin, resultiert aus dem, was damals geschah." In der Vergangenheit liegt die Ursache, und in der Gegenwart zeigt sich die Wirkung.

Aber wichtig ist der Zustand, in dem du dich *jetzt* befindest. Die Essenz deiner gegenwärtigen Situation ist das, womit du dich auseinanderzusetzen hast.

Überdies hat sich das, womit du dich auseinandersetzen sollst, auf der sexuellen Ebene manifestiert, wo du es nicht so leicht ignorieren kannst: "Ich kann nicht zum Orgasmus kommen. Ich verschließe mich Männern gegenüber. Ich habe Erektionsprobleme. Ich muß den anderen fesseln..."

Die Frage, die sich dir stellt, ist: "Was steckt wirklich hinter diesem Problem, das sich in meiner Sexualität manifestiert? Was habe ich daraus zu lernen?"

Die Antwort wird nicht nur deine Sexualität, sondern dein ganzes Wesen betreffen.

Vorwort

Dieses Buch basiert auf Vorträgen, die Michael Barnett anläßlich seines ersten Seminars zum Thema Sexualität im Sommer '94 hielt.
Das erste Kapitel enthält eine Gesamtdarstellung seiner Einsichten in das Wesen der Sexualität.
Das zweite Kapitel ist eine Zusammenfassung seiner Antworten auf Fragen der Seminarteilnehmer zu verschiedenen Bereichen der Sexualität.
Im dritten Kapitel werden vier von ihm entwickelte Meditationen vorgestellt, die ein non-verbales Erfahren dessen ermöglichen, was göttlichem Sex zugrunde liegt.
Am Ende des Buches befindet sich ein Glossar der von ihm benutzten Terminologie.

Vorspiel zum Göttlichen Sex

Seit über 25 Jahren leitet Michael Barnett weltweit Seminare. In diesen Seminaren bietet er einen geschützten Rahmen, innerhalb dessen sich die Teilnehmer ungehindert auf die Reise zu ihrem Inneren begeben können. Er schafft einen Raum, der es ermöglicht, neue Aspekte seiner selbst zu entdecken, seine Bewußtheit zu vertiefen und eine tiefe innere Stille zu erreichen.

Sexualität steht nicht direkt im Mittelpunkt seiner Arbeit. Er ist weder Sexualtherapeut noch Tantriker. Anhand des Themas Sexualität - ein Thema das jeden betrifft - will er zeigen, wie man eine spezifische Problematik von einer 'erleuchteten' Perspektive aus betrachten kann. Er geht nicht direkt auf die sexuellen Probleme als solche ein. Vielmehr versucht er, seine Zuhörer/den Leser zu ermutigen, Probleme von einer tieferen, einer energetischen Ebene aus anzugehen - eine Ebene, mit der er zutiefst vertraut ist.

Auf ganzheitliche Weise beantwortet er Fragen zu sexuellen Problemen und Sexualität im allgemeinen, basierend auf seiner Kenntnis der menschlichen Natur. Auf offene und unverblümte Weise teilt er mit dem Zuhörer/Leser seine persönlichen Erfahrungen auf diesem Gebiet.

Das gesprochene und das geschriebene Wort

Michael Barnetts Vorträge sind von einem 'fließend-freien' Stil geprägt. Was er dem Zuhörer vermitteln will, fließt oftmals ohne klar ersichtlichen Zusammenhang aus verschiedenen Richtungen zu ihm und aus ihm heraus, um sich letztlich - wie bei einem Strom mit vielen Zuflüssen - zu einem Ganzen zu vereinen. Dies beruht darauf, daß das, was er zum Ausdruck bringen will, sich eigentlich nicht in Worten ausdrücken läßt.

Ist man bei einem Vortrag von Michael Barnett anwesend, sind es nicht so sehr die Worte, die einen nachhaltig beeindrucken, sondern das Erlebnis an sich. Obwohl Worte und ihre Bedeutung nicht belanglos sind, hat der Zuhörer in erster Linie ein Gefühl der direkten Verbindung zum Redner selbst. Diese Resonanz zwischen Zuhörer und Redner geht beim gedruckten Wort fast völlig verloren. Um dem entgegenzuwirken, entschieden wir uns, in der deutschen Übersetzung anstelle des neutralen 'man' oder des höflichen 'Sie' das persönliche 'du' zu verwenden.

Aufbau und Gliederung von Michael Barnetts Vorträgen entsprechen keiner gewohnten Norm. Zum besseren Verständnis des geschriebenen Wortes haben wir den Originaltext von Grund auf redigiert, einiges umgestellt und klarer gegliedert. Wir bemühten uns jedoch, soviel wie möglich von der ursprünglichen Atmosphäre der Vorträge zu bewahren.

Die spirituelle Suche - was ist das?

Das Verständnis dieses Buches setzt eine gewisse Vertrautheit mit den Grundprinzipien des spirituellen Weges voraus.

Das Leben ist multidimensional und findet auf vielerlei Ebenen statt. Jenseits der fortwährenden Jagd nach Erfüllung von Wünschen, dem Vermeiden von angstbesetzten Situationen und der Anpassung an psychologische und kulturelle Verhaltensmuster, existieren noch viele andere Dimensionen. Meistens sind wir uns dieser Vielschichtigkeit des Lebens jedoch nicht bewußt, aber durch vollständiges Erforschen unserer Realität und das Üben unserer Bewußtheit und Aufmerksamkeit ist es uns möglich, dieser anderen Ebenen gewahr zu werden.

Hier ein Beispiel, wie man etwas multidimensional erfahren kann:
A) Ich bin eifersüchtig, weil mein Partner die Nacht mit jemand anderem verbracht hat.
Das ist der Gedanke.
B) Ich habe Magenschmerzen, meine Hände zittern, das Blut pocht in meinen Adern, mein Körper ist verspannt, ich bin aufgewühlt, ich kann nicht mehr klar denken, meine Gefühle spielen verrückt.
Das ist die Erfahrung.
C) Indem ich bewußt einen Teil meiner Aufmerksamkeit von meinen Gedanken und Erfahrungen distanziere, kann ich erkennen, daß außerhalb meines persönlichen Dramas auch noch andere Dinge vor sich gehen: Ich sehe, daß die Welt wie bisher ihren Lauf nimmt, ich bin traurig, ich liebe meinen Partner immer noch und kann ihn sogar verstehen.
Das ist das Bewußtsein über die Vielschichtigkeit unseres Seins.

Obwohl A Tatsache ist, und wir die Erfahrung B machen, können wir mit Hilfe von C frei entscheiden, von welcher Ebene aus wir agieren wollen. Wir können entweder C ignorieren und uns in A und B verlieren oder A und B zulassen und trotzdem in C zentriert sein.

Indem wir unsere Erfahrungen immer wieder nach dem oben beschriebenen Prinzip multidimensional durchleben, reift in uns allmählich die Erkenntnis heran, daß all das, was uns widerfährt und normalerweise unser Verhalten bestimmt, nichts als Strömungen und Formen einer einzigen Substanz sind. Michael Barnett nennt diese Substanz *Energie*.

Eifersucht, Schmerz, Zorn, Liebe, Akzeptieren - alle Emotionen und Gedanken sind in Wirklichkeit Strömungen dieser Energie in uns. Sich dieser Energie bewußt zu sein, bedeutet jedoch nicht, der Welt und den durch sie entstehenden Empfindungen zu entsagen. Man wird auch weiterhin von Dingen stark berührt, aber so intensiv diese Erfahrungen auch sein mögen, sie können uns nicht mehr aus der Bahn werfen: indem wir jede Situation bewußt erleben, entziehen wir ihr die Macht über uns.

Der Sinn dieser Methode des Transzendierens ist es jedoch, sich von allem, was Macht über einen ausübt, zu befreien - auch von den sogenannten positiven Erfahrungen wie Glück und Freude. Allmählich erkennen wir, daß diese Energien weder positiv noch negativ sind.

Jenseits all dieser sich bewegenden Energien gibt es einen Punkt der Ruhe, einen Raum, der still und leer ist. In diesem Raum zu sein bedeutet, sich in einem Zustand stiller Ekstase zu befinden.

Ziel der Spiritualität ist es also, den Dschungel des Lebens zu durchdringen, sich der Ursache und Wirkung von allem bewußt zu werden, zu lernen, sich selbst in der Welt objektiv wahrzunehmen und die Vielfältigkeit des Lebens zu erkennen.

An einem bestimmten Punkt angelangt sehen wir jedoch, daß all diese verschiedenen Ebenen in Wirklichkeit ein und dieselbe sind, daß keine Trennung existiert. Alles ist eins, und dieser Einheit entspringt die kosmische Energie. Die kosmische Energie ist die Manifestation dieser Einheit.

Dies kann man jedoch unmöglich erkennen, solange man sich auf der Ebene des Verstandes und der Emotionen befindet. Durch das Üben der Bewußtheit mag man kurze Einsichten von einer Perspektive ausserhalb dieser Ebene haben, doch ist es ausgesprochen schwierig, sich vom Sog der Gedanken und Gefühle ein für alle mal zu befreien.

Einheit, das Einssein von allem, das Tao

Die Basis der Gedanken und Gefühle ist die Dualität, das Getrenntsein von der Einheit. Dualität beginnt damit, daß sich der Mensch von seiner Umwelt abspaltet. Dies führt zur Dualität im Äußeren - Neigungen und Abneigungen - und zur Dualität im Inneren - gute und schlechte Eigenschaften.

Wir leben also in vielerlei Hinsicht in einer dualistischen Welt. Dualität existiert jedoch nur auf bestimmten Ebenen. Es gibt Ebenen jenseits dieser Dualität. Diese Ebenen anzustreben heißt jedoch nicht, die Vielseitigkeit des Lebens zu ignorieren, indem man Dualität verneint. Denn simultan zu diesen sich manchmal bekämpfenden und manchmal miteinander kooperierenden Energien existiert eine immerwährende Einheit.

Wenn man das Einssein von allem erkennt und erfährt, dann ist alles - genau so, wie es ist - einfach perfekt. Wir haben keine Vorlieben, keine Wünsche und kein Bedürfnis mehr, irgend etwas zu tun. Dann fällt es uns leicht, über uns selbst zu lachen, uns einzugestehen, etwas Dummes gemacht zu haben und unsere Unwissenheit anzunehmen. Es gibt uns den Freiraum, auch die Fehler anderer zu akzeptieren. Da ist nichts mehr, was uns Angst machen könnte, Leben und Tod sind dasselbe, wir sind in Verbindung mit der Quelle reinster Energie. Erleuchtung bedeutet, diese Einheit und Vollkommenheit fortwährend zu leben.

Aus diesem Bewußtseinszustand heraus arbeitet Michael Barnett. Seit Jahrtausenden ist es die Rolle des spirituellen Lehrers, der selbst tiefe Einsichten in das Leben gewonnen hat und aus diesem Bewußtsein heraus wirkt, diesen Prozeß in anderen zu fördern. Es gibt viele Methoden, diesen Bewußtseinszustand anderen zu vermitteln, aber immer muß eine gewisse Grundschwingung zwischen Lehrer und Schüler vorhanden sein. Diese Grundschwingung ermöglicht es dem Schüler, wach zu bleiben und sich daran zu erinnern, daß der Zustand der Erleuchtung auch für ihn erreichbar ist. Ob der Schüler diese Möglichkeit wahrnimmt oder nicht, hängt ausschließlich von ihm selbst ab.

K.B. & A.A.
Energy World, 1995

Was ist Göttlicher Sex?

*Spirituell zu leben bedeutet,
sich der Bewegung des Universums
hinzugeben.*

*Spirituelle Sexualität
ist die Manifestation
dieser Bewegung auf Erden.*

Die Energie des Universums hat kein bestimmtes Ziel. In sich selbst ruhend ist sie der Ursprung aller Formen. Sie fließt in eine Blume, und eine wundervolle Knospe entsteht; sie fließt in einen Vogel, und er fliegt in den Himmel; sie fließt in eine Maus, und sie piepst. Sie fließt in einen Menschen, und eine Vielfalt an Möglichkeiten eröffnet sich.

Sexualität ist der erste Ausdruck der kosmischen Energie im Menschen. Sie ist die Basis der menschlichen Reise auf Erden. In dieser fundamentalen Energie sind sämtliche Energien enthalten - einschließlich jener, die den Seinszustand ausdrückt, der allgemein als Erleuchtung bezeichnet wird. Der eigentliche Sinn der Sexualität liegt darin, diese kraftvolle Energie auf jedem Schritt der Reise und auf jeder Stufe des Seins auszudrücken.

Wenn du in diesem Moment nicht spüren kannst, wie du dich bei einem starken sexuellen Erlebnis fühlst, dann hat sich deine sexuelle Energie noch nicht in allen energetischen Kanälen deines Körpers ausgebreitet.

Die östliche Tradition geht davon aus, daß das menschliche Energiesystem aus zweiundsiebzigtausend Kanälen besteht. Die Grundlage dieses Energiesystems ist die Sex- bzw. Wurzelenergie. Sind diese Kanäle offen, so wird alles, was du in deinem Leben tust, von der sexuellen Energie deines Wesens berührt.

Stelle dir einen Baum mit unzählig vielen Ästen vor. Selbst der kleinste Zweig hat seinen Ursprung in den Wurzeln des Baumes. Die Wurzeln repräsentieren die sexuelle Energie und das Erdreich die kosmische Energie. Unterirdisch nimmt der Baum mit seinen Wurzeln Wasser auf, was sich durch das Öffnen einer Blüte am obersten Ast offenbart.

Dies ist eine Metapher dafür, wie wir sein könnten. Aber willst du das wirklich? Traust du dich? Es scheint überwältigend zu sein.

Es *ist* überwältigend.

Aber das, was sich anfühlt, als würde es dich überwältigen, ist ein Teil von dir. Viele Menschen haben Angst, von etwas Schönem überwältigt zu werden. Sie glauben, es nicht verkraften zu können. Oft ist diese Energie, die in dich eintritt, jedoch lediglich ein anderer Aspekt deiner selbst. Indem du sagst, es sei dir zuviel, identifizierst du dich mit einem kleinen Teil von dir und verleugnest den größeren.

Es geht nicht um 'Du' oder 'Nicht-Du'. Diese Energie ist der Beginn eines größeren 'Du'.

"Halt!" schrie Buddha.

Das ist eine der besten Aussagen, die jemals gemacht wurden. Unser Leben hat eine enorme Eigendynamik. Wir glauben, jeden Morgen neu zu beginnen. In Wirklichkeit setzt sich jedoch lediglich die Eigendynamik unseres bisherigen Lebens fort.

'Halt' bedeutet, aus dem Strom unseres gewohnheitsmäßigen Lebens auszubrechen.

Deshalb war das Stillsitzen, Nichtstun und Beobachten seit jeher die grundlegende Methode der spirituellen Suche. Ich erinnere mich, daß mir fünf Minuten stillsitzen anfangs wie eine Ewigkeit vorkamen. Ich schaute andauernd auf die Uhr: "Na komm schon, ich will mit meinem Leben weitermachen!" Das ist der Verstand, der ständig in Bewegung ist; er wartet nur darauf, dich mit seinen Vorstellungen, wie du dein Leben leben sollst, mitzureißen.

Während du in Meditation sitzt, bleibt dein Verstand zwar in Bewegung, aber du bewegst dich nicht mit ihm. Die Gedanken spielen verrückt, sie werden immer schneller und hartnäckiger; der Verstand triezt deinen Körper, bis es überall wehtut. Er tut alles, damit du dich wieder bewegst. Aber wenn du es durchstehst, werden die Gedanken, von denen du dich ein Leben lang hast beherrschen lassen, plötzlich wie Wolken am Himmel vorüberziehen. Sie haben ihre Macht über dich verloren.

Dann wird der Ablauf deines Lebens nicht mehr vom Verstand bestimmt. Du fällst in eine andere Dimension, und die Bewegung deines Lebens entspringt einem tieferen Teil deiner selbst. Diese Bewegung kannst du jedoch nur entdecken, wenn du die Eigendynamik deines Lebens stoppst.

Dasselbe gilt für die Sexualität, die alles enthält, was auch im Leben enthalten ist. Wenn du beim Sex etwas erlebst, von dem du glaubst, daß es nicht gut ist, oder wenn etwas nicht so läuft, wie du es gerne hättest, dann folge nicht dem, was dein Verstand dazu sagt. Bleibe im Moment!

Sexuelle Energie ist äußerst zart und unbeständig. Es läßt sich nicht vermeiden, daß du beim Sex in heikle Situationen gerätst, aber dramatisiere sie nicht, indem du ein Problem aus ihnen machst.
Mein grundsätzlicher Rat ist, mit Sexualität entspannt umzugehen. Selbst wenn du verkrampft bist, kannst du der Tatsache, daß du verkrampft bist, mit Gelassenheit begegnen. Das Einzige, was du beim Sex nicht vergessen darfst, ist weiterzuatmen. Was nützt dir heute dein Atem von gestern? Genauso wenig kannst du dir den Atem von morgen sichern.
Kannst du nicht lieben, wie du atmest? Kannst du nicht einfach im Moment sein?

Das ist wirkliches Leben. Und ich vertraue darauf, denn ich weiß, daß ich mit etwas in Berührung bin, das jenseits meines Verstandes liegt. Manchmal wird es von dem getrübt, was in mir noch ungeklärt ist. Meistens spüre ich das, fühle mich aber weder schuldig noch *korrigiere* ich mich. Wenn ich sehe, daß ich etwas getan habe, was daneben war, dann hat das Erkennen an sich schon eine Auswirkung. Sollte ich wirklich etwas daraus gelernt haben, wird es beim nächsten Mal anders sein.
Sei authentisch! Sei so wie du bist! So zu sein, wie du bist, heißt jedoch nicht, so zu sein, wie du gelernt hast dich zu sehen. Es bedeutet, dein Leben jeden Moment neu zu erfahren.

*Auf der Ebene,
wo das Problem liegt,
gibt es keine Lösung.
Denn das Problem entspringt der Ebene,
auf der du lebst.
Gehst du auf eine andere Ebene,
verschwindet das Problem.*

Falls du Probleme mit deiner Sexualität haben solltest, kann ich dir versichern, daß dies nichts mit deiner Sexualität an sich zu tun hat. Sämtliche sexuellen Probleme entstehen aus unserer psychischen oder emotionalen Veranlagung.

Als ich anfing mit Leuten zu arbeiten, dachte ich, sexuelle Probleme müßten im Genitalbereich lokalisiert sein. Also arbeitete ich mit der Energie dieses Bereiches, als ob sie vom ganzen System isoliert wäre. Aber nichts passierte.

Tatsächlich ist es nahezu unmöglich, ein rein körperlich sexuelles

Problem zu haben. Als mir das klar wurde, wußte ich, daß ich mit den sexuellen Problemen der Menschen umgehen kann, weil es sich letzten Endes um psychologische Probleme handelt: die Angst, loszulassen, überwältigt zu werden, von jemandem beherrscht zu werden, nicht gut genug zu sein und so weiter.

Alle psychologischen Probleme können gelöst werden. Alle - ohne Ausnahme!

Die Persönlichkeit, die diese Probleme schafft, ist nicht Teil des essentiellen Selbst. Sie ist unsere eigene Konstruktion. Und weil sie unsere eigene Konstruktion ist, können wir sie verändern oder das ganze Gebilde niederreißen.

Nehmen wir zum Beispiel Eifersucht. Wie die meisten Menschen habe ich in meinem Leben höllisch darunter gelitten. Ich weiß aber auch, daß ich Seinszustände erfahren habe, in denen Eifersucht *unvorstellbar* war. Wenn du dich von der Dimension abwendest, in der du dich normalerweise befindest, läßt du die Probleme, die nur in dieser Dimension existieren können, hinter dir.

Vielleicht hast du Schwierigkeiten mit frühzeitiger Ejakulation. Man wird dir empfehlen, an einen Apfel zu denken, bis tausend zu zählen oder dir vorzustellen, daß du schläfst. Dies macht das Problem nur noch neurotischer. Gehst du jedoch auf eine andere Ebene, wird es ganz einfach verschwinden.

Die frühzeitige Ejakulation entsteht aus dem Konflikt zwischen dem, was du willst und dem, was du nicht willst. Wenn du dich auf eine andere Ebene begibst, verändern sich Wollen und Nicht-Wollen. Der Konflikt zwischen den beiden Teilen in dir löst sich auf, und sie werden zu einer Einheit. Diese Einheit verbindet sich mit der kosmischen Energie, und dann ist es das Universum, das durch dich Liebe macht.

Ein tiefgreifendes Problem kann nicht auf der Ebene gelöst werden, auf der es existiert. Ich sehe, daß die Menschen, mit denen ich schon lange arbeite und die bereits einen gewissen Seinszustand erreicht haben, allmählich frei werden von dem Krempel, der nicht nur sexuelle, sondern sämtliche Probleme schafft. Der Ausweg aus den meisten Problemen ist nicht das Finden einer Lösung, sondern das Transzendieren der eigentlichen Grundlage des Problems.

Anders ausgedrückt lautet meine Antwort auf alle Fragen bezüglich Sexualität: Löse dich im Universum auf!

Das ist der Weg, den ich lehre. Was meine Methoden anbelangt, bin ich manchmal ziemlich rücksichtslos, denn hier geht es um das, was Jesus 'die Perle von unschätzbarem Wert'* nannte. Diese Perle ist deine makellose ursprüngliche Natur. Und du kannst jederzeit hineinspringen.

*Menschen klettern auf Berge,
denn wo der Berg endet,
beginnt der Himmel.*

*Doch der springende Punkt ist:
Überall am Berg
beginnt der Himmel.
Alles was du tun mußt,
ist springen.*

Wenn du an den Ort zurückkehrst, wo die ursprüngliche Energie in dein Wesen dringt, wo die Ganzheit des Universums und deine individuelle Existenz wieder vereint sind, dann ist es dir unmöglich, sexuelle Probleme zu haben.

---

* Das Gleichnis vom Schatz und von der Perle: Die Bibel, Matthäus, Kap.13, Vers 44-46.

*Sexuelle Energie
ist nicht nur der erste Ausdruck
der ursprünglichen Energie,
sie ist auch
die feinste und zarteste Energie,
die es gibt.*

Wenn du dich beim Liebemachen der kosmischen Energie öffnest, wird jede daraus entstehende Sexualität von erlesener Natur sein. Sie wird nicht derb, nicht verkrampft, nicht aggressiv sein. Und sie wird frei sein von Angst.

Menschen verhalten sich beim Sex oft ausgesprochen grob. Diese Rohheit entsteht, wenn die sexuelle Energie vom Verstand benutzt und ausgebeutet wird. Aber wenn die Energie für sich allein steht - ohne jegliche Einmischung oder Kontrolle - ist sie so exquisit, daß du sie annehmen wirst wie sie ist, ohne auch nur auf die Idee zu kommen, daß sie anders sein sollte.

Wenn du in den Armen deiner Geliebten oder deines Geliebten liegst und ihr seid in der kosmischen Energie vereint, dann ist dein ganzes System erotisiert, und du kannst an jeder Stelle deines Körpers genauso erregt sein wie in deinem Genitalbereich.

Und wenn das ganze System erotisiert ist, könnt ihr Männer so viele Orgasmen haben wie ihr wollt, ohne dabei Samen zu verlieren. Die Bewegung der sexuellen Energie ist dieselbe wie bei einem normalen Orgasmus, nur kannst du sie wiederholen, so oft du willst und dich dabei fühlen wie neugeboren.

Du kannst Orgasmen im Nacken haben, am Rücken, in deiner Schulter - einfach überall. Für Frauen, denen es sowieso möglich ist mehrere genitale Orgasmen zu haben, bedeutet das zusätzlichen Genuß.

Ich spreche nicht von einem schönen Gefühl oder davon, Zärtlichkeiten zu genießen. Ich spreche von der gesamten Explosion, die bei einem Orgasmus stattfindet.

Dann gibt es keine Erschöpfung mehr. Die sexuelle Energie hat sich mit der ursprünglichen Energie verbunden, deren Quelle nie versiegt.

Jeder Teil deines Körpers kann eine erogene Zone sein.

Man kann aber diese den Körper betreffende Erkenntnis noch erweitern. Die kosmische sexuelle Energie, die durch dein ganzes System fließt, bewirkt, daß alles in deinem Leben erotisch wird. In der Freude an allem, was du tust, wird ein Hauch von Erotik sein.

Zusammenfassend sage ich: Erst aus dem Zustand der universellen Verbundenheit heraus kannst du wirklich mit Sexualität umgehen - ob du nun Probleme damit hast oder nicht. Die Schönheit deiner Sexualität wird dadurch so viel Tiefe bekommen, daß sie immer ekstatisch sein wird.

Schauen wir nun, ob sich meine Ausführungen auf einige spezifische Fragen anwenden lassen.

Erotik leben - Erotisches Leben

Göttlicher Sex

Während des Seminars über Sexualität stellte sich Michael Barnett den Teilnehmern für jede nur erdenkliche Frage zur Verfügung und erhielt daraufhin eine Unmenge an Briefen.

Gestern nacht habe ich mich durch all eure Briefe gearbeitet. Als ich schließlich um fünf Uhr morgens zitternd zu Bett ging und meine Freundin sich an mich schmiegen wollte, sagte ich: "Laß mich in Ruhe! Ich will nichts mehr von Sex wissen, es ist mir zu gefährlich!"

Ihr Ärmsten, so viele Probleme! Und ich fragte mich, wie ich bloß all diese Fragen beantworten soll.

Als ich aber heute morgen aufwachte, war mir klar, daß für alle Fragen dieselbe Antwort gilt.

Alles ist Spiegelung.
Für einen erleuchteten Menschen
ist die ganze Welt erleuchtet.
Einem verschlossenen Menschen
ist die ganze Welt verschlossen.
Was immer dir von außen widerfährt,
hat seine Entsprechung in deinem Inneren.
Um Schönheit zu erkennen,
muß Schönheit in dir sein.
Um erkennen zu können,
daß überall Liebe ist,
muß Liebe in dir sein.

Der erste Brief ist von einem Italiener. Er schreibt, daß er sich zu Frauen hingezogen fühlt, die 'seine Aufmerksamkeit im Grunde nicht verdienen; zum Beispiel solche, die in Nachtklubs arbeiten' - ihr wißt schon, die von der niederen Spezies, eine Art Affenmensch.

Er sucht Menschen, mit denen er die innere Nähe und Verbundenheit, die er bei Rajneesh in Poona erfahren hat, teilen kann, und er möchte herausfinden, ob sich 'hinter der Fassade einer sexy Tänzerin eine Seele verbirgt, die für seine Liebe bereit ist'. Bisher wurden seine

Bemühungen aber nicht gebührend erwidert.

Der ganze Brief zeigt mir, daß dieser Mann - trotz all seiner Erfahrungen in Poona - sich immer noch an Oberflächlichkeiten festhält.

Wenn man den Menschen findet, der zu einem paßt, dann spielt es keine Rolle, ob es eine berühmte Persönlichkeit ist oder jemand, der in einem Nachtklub arbeitet. Liebe transzendiert solche Nebensächlichkeiten.

Vielleicht versucht mein Briefpartner herauszufinden, ob es in *ihm* eine Seele gibt, die für Liebe bereit ist. Ich vermute, er sucht sich Menschen aus, deren Seele er nur schwer erreichen kann, weil ihm der Zugang zu seiner eigenen Seele schwer fällt.

Es ist einfach lächerlich von ihm zu sagen, er fühle sich zu Frauen hingezogen, die seine Aufmerksamkeit nicht verdienen. Er fühlt sich zu Frauen hingezogen, die zwar nicht dem Bild entsprechen, das er von sich hat, aber genau zu dem Teil in ihm passen, mit dem er sich auseinandersetzen muß.

Er scheint in mancher Hinsicht ein oberflächliches Leben zu führen, und seine Suche nach etwas Tieferem in jenen Frauen ist in Wirklichkeit die Suche nach seiner eigenen Tiefe. Wäre er in Kontakt mit seiner Seele, würde er sie in jedem Menschen unmittelbar wiedererkennen.

Was immer du im anderen suchst, suchst du auch in dir. Egal welche innere Reise wir zu erfüllen haben, sie hat ihre Entsprechung im Äußeren.

Den Mann direkt ansprechend:
Du bist ein schöner Mann, das kann ich sehen, aber du benimmst dich wie ein Affe: immer Ausschau haltend und ständig in Bewegung. Du mußt erkennen, daß wir beides sind: zum einen das, was wir wirklich sind, und zum anderen Opfer des uns eingeprägten Wertsystems. Die Herausforderung liegt darin, sich von diesem Wertsystem zu befreien.

Dein Brief zeigt mir, daß du spürst, in dieser Hinsicht etwas tun zu können. Aber dann, mein Freund, darfst du nicht halbherzig sein. Du mußt den Stier bei den Hörnern packen und sagen: "Ich tu's!"

Du bist die Barfrau, *du* bist die Tänzerin - und deine Suche nach deren Seele ist in Wirklichkeit die Suche nach deiner eigenen Seele. Von dem Moment an, wo du das wirklich erkennst, wird es für dich eine Kleinigkeit sein, sie wiederzufinden.

Nimm dir jeden Tag ein wenig Zeit, um still zu werden. Schließe deine Augen und gehe in dich. Überlasse die Welt ihrem Lauf und laß die Flut deiner Gedanken wie Wellen im Sande verlaufen.

*Wenn du das Universum willst,
mußt du alles aufgeben,
was dir wichtig erscheint.*

Jemand schreibt, daß er Schwierigkeiten hat, seinen Penis steif zu halten. Wie ich seinem Brief entnehmen kann, sagt er jedesmal, wenn seine Erektion nachläßt: "Oh nein, nicht schon wieder!"

Was glaubst du, wie sich dein Penis da fühlt?! Wenn du zu ihm sagst: "Nicht schon wieder, du Idiot!", wenn du ihn beschimpfst, weil er sich nicht nach deinen Vorstellungen richtet, dann wird er rebellieren, er wird sich gegen dich wenden, und sagen: "Du kannst mich mal, ich brauche jetzt 'ne Pause! Du hast zehn Finger, du hast 'ne

Zunge, du hast Zehen - also laß mich in Ruhe! Ständig nervst du mich damit, daß ich steif bleiben soll. Nimm doch deine Finger, die sind immer steif!"

Normalerweise konzentriert sich die sexuelle Energie im Genitalbereich. Es kann jedoch passieren, daß du sexuell erregt bist, und plötzlich löst sich die Erregung in nichts auf. Die Vagina wird trocken, der Penis erschlafft.

Wenn du beim Sex deinen Kopf nicht ausschalten kannst, wirst du in einer solchen Situation in Panik geraten. Dann ist es dir peinlich, du schämst dich, fühlst dich schuldig und unzulänglich. Du glaubst, deinen Partner im Stich gelassen zu haben, was dich erstmal wütend auf ihn macht. Irgendwo muß die Energie ja hin, und so liegt es auf der Hand, sauer zu werden und zu sagen: "*Du* machst es nicht richtig!"

Bist du aber mit der kosmischen Energie verbunden, berührt dich das Wegfließen der sexuellen Energie aus den Genitalien überhaupt nicht. Es ist unwesentlich, weil du auf der kosmischen Ebene immer noch mit deinem Partner vereint bist. Und das ist so unbeschreiblich schön, daß die Veränderung im Genitalbereich nur von geringer Bedeutung ist.

Wahre Sexualität erotisiert deinen ganzen Körper. Konzentriert sich die Energie zu stark in den Genitalien, solltest du zulassen, daß sie erst einmal vom Penis wegfließt, damit sie sich in deinem ganzen Körper ausbreiten kann.

Dasselbe gilt für die spirituelle Suche. Auf dem spirituellen Weg kann es sein, daß du nach links mußt, um nach rechts zu gelangen oder rückwärts gehen mußt, um vorwärts zu kommen.

*Die Geschichte,
die wir aus unserem Leben machen,
ist zweitrangig.
Für die meisten Menschen
ist sie jedoch das Wichtigste.
Deshalb versuchen sie,
jede neue Erfahrung
ihrer Geschichte anzupassen.*

I m nächsten Brief geht es zwar nicht direkt um Sexualität, aber was darin beschrieben wird, steht in Zusammenhang mit den sexuellen Problemen der meisten Menschen.

Ich verstehe, daß zwischen Sexualität und dem normalen Leben kein Unterschied besteht. Sexualität ist ein intensiver Teil des Lebens.
Wenn ich mein Leben mit großer Intensität lebe, spüre ich manchmal eine Stimme in meinem Körper, die schreien

möchte, aber nicht kann. Sie befindet sich zu unterschiedlichen Zeiten in verschiedenen Teilen meines Körpers: manchmal in meinem Herzen, manchmal in meinen Gedanken, manchmal in meinen Händen. Heute morgen während des Seminars hielt sie sich eine Weile in meinem Solarplexus auf. Das Ganze ist sehr unangenehm, und ich wäre ungeheuer glücklich, wenn ich einen Schlüssel finden könnte, um diesem Gefängnis zu entkommen.

Eine Situation entsteht im wesentlichen erst durch unsere Betrachtungsweise.

Sie schreibt: "Ich wäre sehr glücklich, einen Schlüssel zu finden, um diesem Gefängnis zu entkommen." Meine Frage lautet: Was für ein Gefängnis ist das? Ich sehe überhaupt kein Gefängnis.

Sie fühlt sich gefangen, weil sie ein Gefängnis geschaffen und sich hineingesetzt hat. Sie spürt eine innere Stimme, die schreien will - also ist das ihre Wirklichkeit.

Heute scheint die Sonne, gestern schien sie nicht. Das Wetter geht nicht zum Psychoanalytiker und fragt: "Wie kommt es, daß an manchen Tagen die Sonne scheint und an anderen Tagen nicht?"

Die Schreiberin sagt, manchmal sei die Stimme in ihrem Herzen, manchmal in ihren Gedanken, manchmal in ihren Händen, und heute morgen sei sie in ihrem Solarplexus gewesen.

Das Wetter sagt nicht: "Manchmal scheint die Sonne in Frankreich, manchmal in Japan, manchmal in Neuseeland und oft in Mexiko. Sie scheint sich nicht entscheiden zu können."

Meine Briefpartnerin kreiert sich ein Drama. Jeder tut das.

Das Folgende ist ein weiteres Beispiel, wie man sich ein Problem schaffen kann, wo gar keines existiert.

Das Sexualleben einiger Menschen ist nicht sonderlich ausgeprägt.

Das kann daran liegen, daß ihre Lebensenergie es eilig hat, die Chakraleiter* hochzukommen; also durchfließt sie das Sexzentrum so schnell und reibungslos wie möglich. Oftmals wissen die Betreffenden aber nichts davon oder können es nicht akzeptieren. Sie stellen lediglich fest, daß andere sexuell viel aktiver sind als sie und deshalb denken sie: "Irgendwas stimmt nicht mit mir." In Wirklichkeit ist jedoch alles in bester Ordnung.

Dein Leben muß eine Geschichte haben. Du bist nicht damit zufrieden, nur Erfahrungen zu machen sondern willst sie auch in deine Geschichte einflechten, in das Drehbuch deines Lebens aufnehmen.
Das ist das Fundament des Gefängnisses. Diese Dame hat ein starkes Bedürfnis, aus ihrem Leben eine Geschichte zu machen.
Selbst wenn sie sich gelegentlich aus diesem Gefängnis befreit, schreibt sie anschließend in ihrem Buch ein Kapitel darüber, wie beeindruckend es war, außerhalb ihrer Geschichte gewesen zu sein.
Sogar wenn du dich von dir selbst befreist, wird es zu einem Kapitel deiner Lebensgeschichte: "Hey, stell dir vor, gestern hab' ich mich total leer gefühlt. Ist das nicht abgefahren!?" Du baust dir ein Zimmer, steckst die Leere rein, machst die Tür zu, schließt ab und hängst einen Zettel dran: "Mein's! Nicht berühren!" Aber Leere hat keine Wände. Und sie gehört ganz bestimmt nicht dir. Du gehörst zu ihr.
Indem du eine riesige Geschichte aus deinen Erfahrungen machst, schleppst du den ganzen Ballast mit in die Zukunft.
Meine gesamte Einstellung zum Leben ist: Einmal genügt! Die Erfahrung des vorherigen Augenblicks - und wenn sie noch so herrlich war - ist jetzt schon schal. Wozu sie wiederholen, wenn eine neue, genauso schöne Erfahrung auf mich wartet? Selbst wenn sie mit einer vergangenen Erfahrung nahezu identisch ist, werde ich sie mit dieser Einstellung neu erleben.

Ein Reihe von Energiezentren entlang der Körpermitte zwischen Genitalbereich und Scheitelpunkt. Siehe Meditationskapitel, Seite 95

*Eins zu sein
mit der Natur deines Wesens
ist von solcher Vollendung,
daß die Wertschätzung anderer
keine Bedeutung mehr für dich hat.*

*I**ch scheine auf etwas programmiert zu sein, das mir nicht erlaubt, Freude und Genuß zu leben. Heute morgen während des Seminars konnte ich sehen, wie ich krampfhaft an meinem Widerstand gegen die Freude festhalte, was mich sehr traurig machte.*

Die Schwierigkeit liegt hier darin, daß dieses Programm geschaffen wurde, als du noch sehr jung warst - was auf die meisten und insbesondere die sexuellen Programme zutrifft.

Sexualität wird in vielen Kulturen immer noch tabuisiert. Gesellschaftliche Moralvorstellungen und der Druck der unmittelbaren Umgebung erlauben es einem Kind oft nicht, seine sich entfaltende Sexualität auszuleben. Die Gesellschaft kann, aufgrund der Art und Weise wie sie strukturiert ist, die freie Entfaltung der jungen, aufblühenden Sexualität nicht zulassen. So entstehen von Anfang an die verschiedensten Probleme.

Du wurdest mit einem Programm ausgestattet, das Genuß und Lebensfreude nicht billigt. Das Leben ist eine ernsthafte Angelegenheit, und du sollst andere Leute nicht belästigen, indem du glücklich bist. Glücklichsein wird als ungemein störend empfunden.

Deshalb führst du ein ernsthaftes Leben, möchtest aber eigentlich voller Freude sein. Also machst du es dir zur Aufgabe, dein Programm zu ändern. Aber ein solches Programm zu ändern, ist tatsächlich eine ernste Sache. Und wenn sich der Erfolg nicht sofort einstellt - was bisher offensichtlich nicht der Fall war - wirst du schnell entmutigt sein. Und das wiederum läßt noch weniger Freude in deinem Leben aufkommen. Das Ganze ist ein sinnloses Unterfangen.

Was für ein Programm hast du, wenn du zu deinem Ursprung zurückkehrst? Du wirst ein kosmisches Programm haben. Und das bedeutet, sowohl im Einklang mit dem Universum zu sein als auch deine Bestimmung zu leben, die als Keim in dir angelegt wurde.

Die meisten Menschen verlieren irgendwann in ihrem Leben die Verbindung zu diesem Keim. Das Leben führt sie in eine falsche Richtung, und dann ist es schwer, diese Verbindung wiederherzustellen.

Damit du zum Keim deiner Bestimmung zurückkehren kannst, mußt du nach der Strömung suchen, die deinem Leben zugrunde liegt: Wozu bin ich hier? Was ist der Sinn meines Lebens?

Wenn du den Keim findest und von dort aus lebst, wird das - Tag für Tag - deine Bestimmung sein. Ob sie Form annimmt oder nicht, ist bedeutungslos. Ob aus diesem Keim etwas wächst, was andere Menschen als gesellschaftlich erfolgreich betrachten, oder ob du dein ganzes Leben als Bauer oder Kneipenbesitzer an einem unauffälligen Ort verbringst, ist völlig irrelevant.

Hör auf, etwas erreichen zu wollen, von dem du glaubst, daß es deinem Leben fehlt.

Sich verändern zu wollen, ist ein harter Weg und führt zu keiner Lösung. Diese Selbstmanipulation ist endlos, weil wir uns ständig an irgendeiner Idealvorstellung messen. Und abgesehen davon, daß es beinahe unmöglich ist, einem Ideal gerecht zu werden, verändern sich unsere Idealvorstellungen auch unentwegt.

Nicht mehr an dem festzuhalten, was du bist, ist ebenso hart, führt aber zu einer Lösung. Denn der Unterschied zwischen dem, was du bist und dem, was du sein möchtest, verschwindet.

*Wenn du lernst, alles geschehen zu lassen
ohne eine Geschichte daraus zu machen
- so wie der Flug einer Wildgans
am Himmel keine Spur hinterläßt -
dann kannst du loslassen,
was immer dir widerfährt
und wieder frisch sein wie am ersten Tag.*

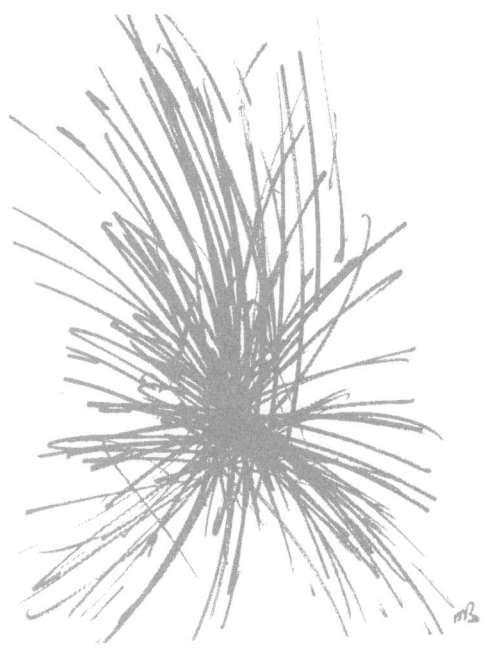

Ich sehne mich in sexuellen Beziehungen nach Ekstase. Aber aufgrund meiner Angst vor Enttäuschung und Zurückweisung kneife ich immer kurz davor.

Hierzu möchte ich euch eine Geschichte erzählen.
Heutzutage gibt es nur noch Diskotheken, aber früher gab es diese Tanzsäle, und die Leute - ob ihr's glaubt oder nicht - haben wirklich zusammen getanzt. In diesen altmodischen Tanzsälen wurde es so gehandhabt, daß die Männer die Frauen zum Tanz aufforderten. Nach

dem Tanz hat man sich dann verbeugt, 'Vielen Dank' gesagt und seine Partnerin an ihren Platz zurückbegleitet.

Also, da sitzt ein Mädchen im Tanzsaal, und ein gutaussehender Typ kommt an ihren Tisch und bittet sie um einen Tanz. Sie gehen auf die Tanzfläche, er hält sie eng umschlungen und flüstert ihr ins Ohr: "Willst du mit mir ficken?"

Sie ist total schockiert, klebt ihm eine und stürmt von der Tanzfläche. Sie schäumt vor Wut, ist jedoch gleichzeitig fasziniert.

Sie beobachtet den Mann. Er zuckt nur mit den Schultern, geht zu einem anderen Mädchen, führt sie auf die Tanzfläche - Klatsch!

Unbeeindruckt geht er zur nächsten, sie tanzen zusammen - Klatsch!

Er geht wieder zu einer anderen, bittet sie um einen Tanz...

Plötzlich sind sie sich sehr nahe. Er hat seine Zunge in ihrem Ohr, sie legt ihre Hand auf seinen Po - es läßt sich gut an! Als der Tanz zu Ende ist, trinken sie zusammen ein Bier.

Das erste Mädchen kann's nicht fassen. Schließlich nimmt sie all ihren Mut zusammen, geht an den Tisch, an dem die beiden sitzen und sagt: "Entschuldigen Sie, ich möchte gern was wissen. Sagen Sie das zu allen Mädchen, mit denen sie tanzen?"

"Ja, zu allen!"

"Da müssen Sie ja ständig Ohrfeigen kriegen!"

"Ja, das stimmt, aber ich kriege auch wahnsinnig viele Gelegenheiten zum Ficken!"

Die Verfasserin des Briefes schreibt, daß sie Angst hat, enttäuscht oder zurückgewiesen zu werden. Das kann schon sein - aber vielleicht klappt's beim nächsten Mal!?

*Wenn du zu deiner
ursprünglichen Natur zurückkehrst,
wirst du nicht nur erfahren,
wer du in sexueller Hinsicht bist,
du wirst auch dein Wesen
von Grund auf erkennen.*

Ich möchte jetzt noch etwas zur gleichgeschlechtlichen Sexualität sagen.

Homosexuelle Menschen fragen sich häufig, ob ihre Homosexualität ihrem natürlichen Wesen entspricht oder ob sie aus den Erfahrungen ihres Lebens resultiert. Die Antwort auf diese Frage muß gefunden werden. Aber eine Analyse der Vergangenheit ist insofern sinnlos, als wir niemals mit Gewißheit sagen können, welche Wirkung bestimmte Ereignisse auf uns haben. Nur wenn wir zu unserer ursprünglichen Natur zurückkehren, wo wir nicht mehr entsprechend den Neigungen unserer Persönlichkeit auswählen, werden wir - auch in sexueller Hinsicht - feststellen können, wer wir *wirklich* sind.

Fühlt man sich zu einem bestimmten Geschlecht hingezogen, muß dies nicht notwendigerweise die Ablehnung des anderen Geschlechts zur Folge haben.

Wenn aber Homosexualität darauf beruht, daß man auf die männliche beziehungsweise weibliche Form des Partners fixiert ist, dann ist sie kein vollständiger Ausdruck der sexuellen Energie. Bist du als Mann auf Männer oder als Frau auf Frauen fixiert, so führt diese Fixierung zu einer Ablehnung des anderen Geschlechts.

Einen Tag nachdem Michael diesen Kommentar abgab, erhielt er von einer Seminarteilnehmerin folgenden Brief:

Ich stimme vollkommen mit dir überein, daß man sich ein Gefängnis schafft, indem man sich auf eine bestimmte Form fixiert und dadurch andere Formen ausschließt.

Aber warum soll das nur für homosexuelle Personen gelten? Ich glaube, daß wesentlich mehr heterosexuelle Menschen auf ihre Art des Liebens fixiert sind als umgekehrt.

Schließlich noch eine persönliche Frage, die du allerdings nicht unbedingt zu beantworten brauchst: Hast du schon einmal erotische Gefühle, selbst noch so geringe, einem Mann gegenüber ausgelebt?

Was unsere Zukunft betrifft, so glaube ich, daß sie eine Zeit der bisexuellen Liebe sein wird.

Mit unendlich viel Liebe - hetero, homo, kosmisch oder welcherart sie auch immer sein mag!

Einer der bedeutendsten östlichen Mythen handelt von Ouroborus. Ouroborus war ein Wesen, das sowohl männlich als auch weiblich war.

Beide Teile waren jedoch so miteinander verschmolzen, daß sie sich nicht als Gegensätze manifestierten - sie waren eine Einheit.

Dann teilte sich Ouroborus in eine männliche und eine weibliche Hälfte, die sich wiederum in viele männliche und viele weibliche Wesen auffächerte.

Gemäß diesem Mythos wird es zu einem Wendepunkt kommen, wo alle Fragmente zu Ouroborus zurückkehren werden. Jedes einzelne männliche und weibliche Wesen wird sich mit seinem Gegenpart verbinden und wieder die ursprüngliche Einheit bilden.

Diese Einheit verwirklicht sich für mich jedesmal, wenn ich mit einer Frau zusammen bin, die ich liebe. Es ist, als ob ich die Hälfte eines Kreises wäre, der von der Frau vervollständigt wird. Ich kann mir nicht vorstellen, solch ein Erlebnis mit einem Mann zu haben.

Ich hatte enge und vertraute Freundschaften mit Männern, die ich sehr genoß - die Art von Freundschaft, wo der andere bereits weiß, was man sagen will, bevor man auch nur ein Wort gesprochen hat. Wo ein Wort genügt, um beide in brüllendes Gelächter ausbrechen zu lassen und man sich jedesmal darauf freut, mit dem anderen zusammen zu sein.

Meine Männerfreundschaften fühlten sich immer so an, als ob wir ein zweiköpfiges Tier wären, das zusammen auf Partys geht, Squash spielt, in Urlaub fährt, nach Frauen Ausschau hält und sie auch miteinander teilt. Einfach herrlich!

Wenn ich aber für den jeweiligen Abschnitt in meinem Leben die richtige Frau finde, so fühlt sich das wie die Vollendung der Reise an, die mich zurück zu Ouroborus führt.

Mir geht es nicht darum, für oder gegen heterosexuelle bzw. homosexuelle Liebe zu sein. Das ist unwesentlich, da es sich lediglich um Prinzipien handelt. Es geht darum, das zu finden, was sich für mich richtig anfühlt, und zwar auf der tiefsten Ebene, die ich erfassen kann.

Hast du ein Gefühl von kosmischer Einheit, wenn du in den Armen des Menschen liegst, den du liebst? Hast du das Gefühl, mit ihm oder ihr einen vollkommenen Kreis zu bilden?

Ist es so, als ob du einerseits genau weißt, wer du bist und wer dein Geliebter ist, und du andererseits auch fühlst, daß keine Trennung zwischen euch besteht, weil ihr eins seid?

Wenn du das spürst, dann ist es gleichgültig, mit wem du eine Beziehung hast - und sei es mit einem Huhn - sie wird einfach göttlich sein!

*Was könnte schöner sein
als das Gefühl,
mit deinem Geliebten
in kosmischer Vereinigung
zu verschmelzen.*

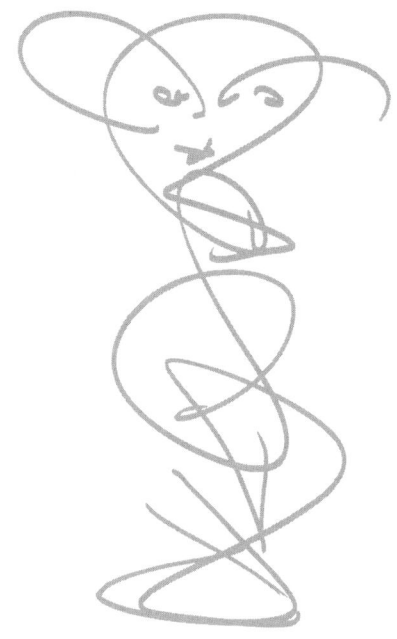

Was hältst du davon, taoistisches Yoga* in der sexuellen Liebe zu praktizieren? Ist das eine Methode, die du empfehlen kannst?

Nun ja, ich würde sagen, das hängt davon ab, ob du auf Sexgymnastik stehst oder Sex einfach nur genießen willst.

Manchen Leuten macht es Spaß, Sex regelrecht *auszuüben*. Sie probieren alles mögliche: Energie in die unterschiedlichsten Bereiche des

---

* *Chinesische Methode (1. Jahrtausend v. Chr.) zur Kultivierung der sexuellen Energie.*

Körpers zu bringen, den Samen beinahe kommen zu lassen, ihn aber im letzten Moment abzufangen und wieder zurückzusaugen. Es gibt viel Raum für derartige Spiele und Leistungen wie zum Beispiel multiple Orgasmen, vollständig unterlassene Orgasmen, Orgasmen im rechten Ohr, Orgasmen im linken Nasenloch, und 'sich um das dritte Chakra windende und über den After ausgespuckte' Orgasmen!

Wenn du in einer Beziehung lebst - sei es nun eine sexuelle, eine freundschaftliche oder eine Liebesbeziehung - hast du ein natürliches Bedürfnis, mit deinem Partner zu harmonieren.

Natürlich sind die Konflikte und die gegenseitige Spiegelung in einer Beziehung genauso wundervoll, selbst wenn man sich des Schönen in ihnen nicht bewußt ist. Aber über all dem steht der Wunsch nach Harmonie. Denn wenn man sich in Harmonie befindet, entsteht ein Gefühl der Einheit.

Die Methoden des taoistischen sexuellen Yoga sind wunderbar, denn sie können dieses Gefühl der Einheit intensivieren, es sehr stark und vollkommen werden lassen.

Folgst du jedoch einem spirituellen Weg, der - unabhängig von einer geliebten Person, unabhängig von allem anderen - zur Einheit mit dem Universum führt und hast einen Partner, der ebenfalls diese Einheit anstrebt, dann kann eure sexuelle Einheit zu einer kosmischen Einheit werden. Und das ist von einer vollkommen anderen Qualität.

Wenn du die Essenz eines Baumes zum ersten Mal wirklich wahrnimmst, wirst du vor Freude weinen, überwältigt von deiner Verbundenheit mit ihm. Es ist möglich, jenseits der individuellen Schwingung von Mensch und Baum in der kosmischen Einheit zusammenzukommen, denn beide entstammen der ursprünglichen Schwingung. Aber der Baum wird wieder zum Baum, und du wirst wieder zum Mensch.

Wenn jedoch eine solche Verbindung zwischen Menschen entsteht, dann kann einer dem anderen helfen, dieses Einssein mit dem Kosmos zu bewahren.

Dies gilt in besonderem Maße für die sexuelle Erfahrung. Je tiefer ich in meinem Leben in Berührung mit der kosmischen Energie kam, umso erfüllter wurden meine körperlichen und sexuellen Erfahrungen. Es ist nicht mehr ein bloßes Zusammensein mit meiner Partnerin. Die unendliche Freude des Universums erfaßt uns wie eine Flut und entführt uns in die Tiefen ihres göttlichen Spiels.

Was könnte schöner sein als das?

Dieses Einssein zu spüren bedeutet, in einem Meer der Freude zu schwimmen. Es beinhaltet nicht nur das Genießen der Sexualität, sondern etwas, das weit darüber hinausgeht - reine, unvergängliche Freude.

Um also deine Frage zu beantworten: Wenn es dir möglich ist, in diesen Zustand kosmischer Einheit zu gelangen, bedarfst du weder des 'taoistischen Yoga' noch der 'tantrischen Sexualität'*. Alles, was du von diesen Lehren benötigst, wird dich dann auf natürliche Weise und ohne dein Zutun erreichen.

*Tantra: Hinduistische Methode (1. Jahrtausend n. Chr.) zur Kultivierung der sexuellen Energie.

*Die Verfechter der Keuschheit
plädieren vermutlich deshalb
für sexuelle Enthaltsamkeit,
weil sie wissen, daß sie eine Hilfe
auf dem spirituellen Weg sein kann.
In meinem Leben und meiner gesamten Arbeit
geht es jedoch darum,
dem zu folgen, was* natürlich *ist.*

*W*as hältst du von sexueller Enthaltsamkeit auf dem spirituellen Weg?

Was ich davon halte? Laß am besten die Finger davon!

Alles, was man sich auferlegt, halte ich für einen Irrtum. Ich habe null Disziplin. Ich kann mich zu nichts zwingen, und meistens probiere ich es erst gar nicht.

Es kam nur einmal in meinem Leben vor, daß ich nicht mehr an Sex interessiert war. Ihr müßt wissen, daß ich bis zu diesem Zeitpunkt *ständig* an Sex interessiert war - zu jeder Zeit und bei jeder Gelegenheit. Plötzlich war es weg. Sechs Monate lang hatte Sex keinerlei Bedeutung mehr für mich (und dennoch ist in dieser Zeit viel Schönes für mich geschehen). Aber dann, Gott sei Dank, stellte sich das Interesse wieder ein - und ist seither geblieben.

Wenn du keinen Sex hast, fließt die Energie, die du normalerweise dafür brauchst, in höhere Dimensionen.

Willst du diese höheren Ebenen schnell erreichen, so ist es sicherlich von Vorteil, dem Drang deiner sexuellen Energie nicht nachzugeben. Ich bin davon überzeugt, daß es dir auf deinem Weg helfen kann, denn dir wird mehr Energie zur Verfügung stehen, um in neue Dimensionen vorzudringen.

Solltest du es jedoch vorziehen, weiterhin sexuell aktiv zu bleiben und lieber etwas langsamer voranzukommen, so weiß ich aus eigener Erfahrung, daß das durchaus funktionieren kann. Erreichst du schließlich diese höheren Ebenen, wirst du auch nicht vergessen haben, worum es beim Sex geht. Du wirst fähig sein, die Freude unverfälschter Sexualität zu genießen. Jede Bewegung der sexuellen Energie wird von deinem *ganzen* Wesen ausgehen, und zwischen deinem Partner und dir wird ein Gefühl der Einheit, der einzigartigen Vertrautheit bestehen.

Hast du dich dagegen von deiner Sexualität losgesagt und erreichst dann diese höheren Ebenen, so wird die Energie im sexuellen Bereich vermutlich verkümmert sein. Es kann durchaus sein, daß du dich dann wieder frei fühlen würdest, deine Sexualität zu leben. Ich glaube aber nicht, daß dies oft der Fall sein wird, da Sex keine besondere Anziehungskraft mehr haben wird.

Wenn du tatsächlich das Gefühl hast, daß Sex für dich nicht wichtig oder nur eine Gewohnheitssache ist und du außerdem darauf brennst, den Gipfel spiritueller Erfahrung zu erreichen, dann kann dir sexuelle Enthaltsamkeit helfen. Aber sie muß *deiner* eigenen Disziplin entspringen und nicht - wie in so vielen religiösen Traditionen - einer auferlegten Pflicht.

Es gab in der Vergangenheit aber auch viele große Meister, die sexuell äußerst aktiv waren. Von Meister Padmasambhava, der den Buddhismus nach Tibet brachte, wird gesagt, daß er mit jeder Frau ins Bett ging, die ihm über den Weg lief. Auch Gurdjieff, einer der bedeutendsten spirituellen Lehrer der Jahrhundertwende, war bis ins hohe Alter ein ausgesprochener Frauenheld. Und selbst einige Zen-Meister waren dem Sex durchaus nicht abgeneigt. Es hängt also ganz von deinem Naturell ab.

*Du kannst jedes Problem lösen,
indem du den Augenblick
so verfeinerst,
daß nur noch Raum
für die reine Erfahrung bleibt.*

Der nächste Brief ist von einer Frau, die schreibt, daß es ihr schwer fällt, Sexualität zu genießen. Soweit sie sich erinnern kann, war Sex für sie mit Schmerzen und Problemen verbunden. Durch die Arbeit an sich selbst kam sie vor einiger Zeit in Kontakt mit ihrem 'inneren Kind'. Dies löste in ihr das Gefühl aus, wahrscheinlich als Kind sexuell mißbraucht worden zu sein. Sie schreibt, daß es ihr nun klar ist, warum sie beim Sex Schmerzen empfindet.

Sexueller Mißbrauch wird sich in der gegenwärtigen Situation, in der sich unsere Welt befindet, kaum vermeiden lassen. Bei vielen Menschen sind die Tabus und die natürliche Abneigung gegen Mißbrauch aus den verschiedensten Gründen schlichtweg nicht vorhanden. Ihr sexueller Drang und ihr Zerstörungstrieb sind stärker als irgendwelche moralischen Prinzipien, die sie daran hindern könnten, so etwas zu tun.

Eine der Ursachen sexuellen Mißbrauchs ist, daß die Täter häufig selbst mißbraucht wurden. Ihr Handeln ist oftmals Ausdruck ihrer eigenen Verletztheit, Hilflosigkeit und Unfähigkeit, das Geschehen zu bewältigen.

Um aus diesem Teufelskreis auszubrechen, muß man die Vergangenheit hinter sich lassen. Nur im Hier und Jetzt ist es möglich, das Problem zu lösen.

Jemand, der eine solche Erfahrung gemacht hat, muß sich also die Frage stellen: Inwieweit ist es mir *heute* möglich, beim Sex einfach in der Erfahrung des Moments zu sein?

Mir ist durchaus klar, daß du bereits das Gefühl haben magst, im Moment zu sein, und daß die Narben, die du dir in der Vergangenheit zugezogen hast, *ebenfalls* im Moment sind. Aber je mehr du dich der reinen Erfahrung dessen näherst, was du in diesem Moment beim Sex erlebst - so wie du beim Spazierengehen den Wind auf deiner Wange spürst - desto schneller näherst du dich auch der Lösung deines Problems.

In diesem Moment existiert keine Vergangenheit und kein Festhalten an der Vorstellung, daß Sex dir Schwierigkeiten bereitet.

Wenn du beim Liebemachen wirklich im Moment bist, dann wirst du, was auch immer passiert, keine Probleme mehr damit haben.

Das erinnert mich an die Geschichte der berühmten tibetischen Buddhistin Tsogyel, die vor mehr als tausend Jahren lebte. Damals war es für eine Frau äußerst ungewöhnlich, sich auf die spirituelle Suche zu begeben. Tsogyel blieb keine andere Wahl, als in ein Kloster einzutreten, in dem ausschließlich Mönche lebten. Und diese waren bald alle darauf aus, sie zu verführen.

Lange Zeit hielt sie sich die Mönche vom Leib. Dann kam sie jedoch in eine Situation, in der sie genötigt wurde, sexuellen Mißbrauch über sich ergehen zu lassen.

Durch dieses Erlebnis erkannte sie, daß sich ihr eine einmalige spirituelle Chance bot. Von ihrem Meister hatte sie gehört, daß 'Ja' das wichtigste Wort auf dem spirituellen Weg sei, und so entschied sie sich, das Kämpfen aufzugeben und von nun an immer ja zu sagen.

So kam sie zur Erkenntnis, daß alles nur im Moment existiert. Zuvor sorgte sich ihr Verstand ständig darum, wie schrecklich die Situation doch sei. Nachdem sie sich jedoch entschieden hatte, ja zu sagen, hörte ihr Verstand auf zu werten, und was blieb, war nichts als die reine Erfahrung.

Sie nahm ihre Situation, so wie sie war, vollkommen an. Und indem sie dieses Akzeptieren vollständig ergründete, erreichte sie eine Ebene, in der sie Herr der Situation war, und keiner mehr daran interessiert war, sie zu verführen.

Vom herkömmlichen Standpunkt aus betrachtet hört sich diese Geschichte furchtbar an. Ich würde Tsogyels Handlungsweise nicht unbedingt weiterempfehlen, aber in Anbetracht ihrer Situation und ihres Zieles war es das einzig Richtige.

Indem sie eine traumatische Situation vollständig akzeptierte, erlangte sie schließlich Erleuchtung.

Das ist Transzendenz. Alle Erfahrungen, wie verwerflich und widerwärtig sie auch sein mögen, können durch die ursprüngliche Reinheit des Augenblickes transzendiert werden.

Die Art und Weise wie wir funktionieren,
ist eine einzige Katastrophe.
Was du willst, ist Hilfe,
um dich über Wasser zu halten.
Aber alles, was ich von dir will,
ist spurlos zu versinken
und nichts als ein paar Blasen
an der Wasseroberfläche zu hinterlassen.

*V*ermutlich wurde ich als kleines Mädchen von meinem Vater sexuell mißbraucht. Ich habe keine klare, bewußte Erinnerung daran. Aber ich spüre eine tiefe Verletztheit, eine Wunde, die aus dieser Zeit stammt und mit meinem Vater und meiner Sexualität zu tun hat.

Ich habe den Verdacht, daß dieser Schmerz auch jetzt noch meine sexuelle Beziehung zu Männern beeinflußt, denn ich habe Schwierigkeiten, mich hinzugeben und loszulassen.

Guter Sex setzt für mich voraus, daß ich mein Herz spüre und auch *mein Partner sein Herz für mich öffnet. Aber selbst dann fällt es mir schwer, mich ganz hinzugeben. Ich kann lange in dem Zustand vor dem Orgasmus verweilen, wo mein ganzes System voller Energie ist und alles in mir vibriert. Aber dann spüre ich eine Grenze. Ich kann nicht loslassen, kann den Orgasmus nicht zulassen. Die Energie ist blockiert. Ich vermute, daß eine tief verwurzelte Angst mich daran hindert, wirklich loszulassen. Es hat etwas mit dieser alten Verletzung zu tun. Wie kann ich diese Blockierung auflösen?*

Ich will jetzt mal alles auf den Kopf stellen. Viele von euch sagen in ihren Briefen: "Das, was ich heute bin, resultiert aus dem, was damals geschah." In der Vergangenheit liegt die Ursache, und in der Gegenwart zeigt sich die Wirkung.

Aber wichtig ist der Zustand, in dem du dich *jetzt* befindest. Die Essenz deiner gegenwärtigen Situation ist das, womit es sich auseinanderzusetzen gilt. Das heißt nicht, daß die Vergangenheit unwichtig ist. Sie war notwendig, denn sie gab dir das, womit du dich heute konfrontieren mußt.

Überdies hat sich das, womit du dich auseinandersetzen sollst, auf der sexuellen Ebene manifestiert, wo du es nicht so leicht ignorieren kannst: "Ich kann nicht zum Orgasmus kommen. Ich verschließe mich Männern gegenüber. Ich habe Erektionsprobleme. Ich muß den anderen fesseln."

Die Frage, die sich dir stellt, ist: "Was steckt wirklich hinter diesem Problem, das sich in meiner Sexualität manifestiert? Was habe ich daraus zu lernen?" Die Antwort betrifft nicht nur deine Sexualität, sie betrifft dein ganzes Wesen.

Du bist das Problem. Löse dieses Problem, und du wirst keine sexuellen Probleme mehr haben.

Was du am meisten fürchtest ist das, was du am meisten begehrst. Du fühlst dich davon angezogen, und gleichzeitig stößt du es zurück.

Orgasmus - derart explosiv, derart überwältigend, daß du die Kontrolle verlierst.
Erleuchtung - eine kosmische Explosion. Erleuchtung bedeutet Hingabe an den Kosmos, die Kontrolle aufgeben, deine Selbstbestimmung verlieren. Entsetzlich!
Menschen, die Angst vor dem Orgasmus haben, verspüren im Grunde einen starken Drang, sich aufzulösen - nicht nur im Sex, sondern im Leben allgemein. Aber wenn du wirklich nahe daran bist, dich aufzulösen, in tausend Stücke zu zerspringen, dann wirst du dich um so mehr festhalten.

Der Übergang vom Zustand vor dem Orgasmus zum Orgasmus erscheint wie der Rand einer Klippe. Es sieht so aus, als wäre da zuerst kein Orgasmus und dann plötzlich eine totale Explosion. Doch das ist ein Irrtum.
Du hast die Möglichkeit, dich dem Orgasmus langsam zu nähern. Die Angst, das nicht zu können, ist einer der Gründe für dein Festhalten. Du glaubst, daß du in tausend Stücke zerspringen wirst, wenn du auch nur eine Sekunde losläßt. So ist es nicht! Du kannst einen Schritt nach dem anderen tun.
Du kannst dich in den Bereich der Explosion hineinbewegen, ohne wirklich zu explodieren. Wenn du zwei Schritte in diese Richtung gemacht hast und erkennst, daß es funktioniert, dann kannst du beim nächsten Mal drei Schritte machen und dann vier...
Wenn du es schaffst, vier oder fünf Schritte hineinzugehen, kann es geschehen, daß du auch in anderen Teilen deines Körpers Orgasmen haben wirst: im Nacken, im Ohr, unter dem Arm. Diese Orgasmen sind nicht so vernichtend, weil sie örtlich begrenzt sind, während beim genitalen Orgasmus die gesamte sexuelle Energie explodiert.

Lebe im Moment und du wirst diese Wahrheit, die ich für mich erkannt habe, selbst entdecken. Zwischen völligem Stillstand und kompletter Explosion gibt es einen Spielraum.

Es ist möglich, den Bereich, der den genitalen Orgasmus umgibt, zu bändigen. Aber wenn du denkst: "Oh nein, gleich explodiere ich!" dann wirst du garantiert explodieren oder total abblocken.

Du kannst lernen, das gesamte Gebiet um den vollständigen Orgasmus herum zu meistern, indem du es Schritt für Schritt erforschst. Dabei wirst du von der sexuellen Energie dieses Bereiches berührt, was deinen Körper vollkommen erotisiert. Dann kannst du das Spiel mit deinem ganzen Körper genießen und überall Orgasmen haben, während das Zentrum, der totale Orgasmus, unangetastet bleibt.

Wenn du dich in diesem Bereich aufhältst und entdeckst, daß du von dort aus den ganzen Körper erotisieren kannst, wirst du dich beim Sex nicht mehr nur auf deine Genitalien konzentriert sein. Dann bist du entspannt, dann bist du ein vollendetes Energiewesen, das Liebe macht.

*Wenn du schnelle Antworten willst,
die habe ich nicht.
Wenn du echte Antworten willst -
Antworten, die dein sexuelles Leben
und dein Leben überhaupt verändern können -
hier sind sie.*

Der letzte Brief betrifft einen Mann, der ziemlich verfangen ist in der sexuellen Praktik des Fesselns - auch Bondage genannt - die er seit fünfzehn Jahren praktiziert. Er erinnert sich, daß er im Alter von sechs Jahren zum erstenmal ans Fesseln dachte.

Momentan lebt er mit einer Partnerin zusammen, die er bedrängt, diese Aktivität mit ihm zu teilen. Sie ist jedoch nicht besonders scharf darauf, und die Beziehung geht langsam aber sicher in die Brüche.

Eine unserer Therapeutinnen empfahl ihm, das Fesseln zu genießen, es absichtlich und so bewußt wie möglich zu tun und es sogar zu übertreiben, um sich 'über das Maß seines Verlangens hinaus zu befriedigen'.

Ein anderes Problem für ihn ist, daß er zu schnell zum Orgasmus kommt, wenn er sich beim Eindringen nicht völlig unter Kontrolle hat.

Bondage ist nichts ausgesprochen Ungewöhnliches. Die Tatsache, daß er schon als Sechsjähriger daran dachte, läßt darauf schließen, daß es tief in ihm wurzelt. Außerdem hat er Probleme mit frühzeitiger Ejakulation, was darauf hindeutet, daß die ganze Sache mit Spannung zu tun hat.

Bei der Art von Sex, die ich beschrieben habe, ist dein ganzes System lebendig und vollkommen entspannt. Es gibt Höhen und Tiefen wie in der Musik, aber keine Spannung.

Fesseln hat mit Spannung zu tun: die Spannung der Stricke, die Spannung der gespreizten Beine oder der festgehaltenen Arme. Und im Orgasmus findet dann die Befreiung statt.

Hin und wieder mache ich in meinen Seminaren Spannungsübungen. Bestimmte Bereiche unseres Körpers neigen dazu, mehr Spannung anzusammeln als andere. Wir erzeugen also während dieser Übungen eine künstliche Spannung, die sich mit der schon vorhandenen verbindet. Durch das Loslassen der hergestellten Spannung wird auch ein Teil der ursprünglichen Spannung befreit.

Vielleicht versucht dieser Mann durch diese sexuelle Spielart in Wirklichkeit etwas Tieferliegendes zu lösen. Möglicherweise versucht er, dieser enormen Spannung des Fesselns seine gesamten Spannungen hinzuzufügen, um sich dann im Orgasmus nicht nur von der sexuellen, sondern auch von der Spannung seines ganzen Systems zu befreien.

Natürlich funktioniert das nicht. Es verschafft ihm lediglich eine gewisse Erleichterung.

Aber der Grundgedanke leuchtet ein. Ich persönlich stehe nicht auf diese Art von Sex. Aber ich wäre sofort dazu bereit, wenn sich durch diese Praktik auch andere Spannungen in mir lösen würden. An sich ist daran nichts Falsches - außer, daß es nicht zu funktionieren scheint.

Anstatt also deine sexuellen Gepflogenheiten zu verurteilen oder kurieren zu wollen, mußt du erkennen, daß sie eine Reflexion dessen sind, was sich in dir auf einer viel wesentlicheren Ebene abspielt: Wie kannst du mit den Spannungen in deinem Leben umgehen?

Die Antwort liegt auf der Hand. Damit Spannung entstehen kann, bedarf es zweier Pole. Doch wo soll Spannung entstehen, wenn du eins geworden bist?

Die allem zugrundeliegende Spannung befindet sich zwischen Himmel und Erde. Und wir sind eine ausgewogene Verbindung von beidem. Wenn du zu deinen himmlischen Wurzeln zurückfindest und sie als Mensch in deinem irdischen Leben zum Ausdruck bringst, gibt es keine Dualität mehr.

Dann ist es ein Zusammenwirken von Himmel und Erde, sie gehen Hand in Hand. Du hast einen Fuß auf der Erde und einen im Himmel, und ein stetiger Fluß strömt aus dem Unbekannten in dein Leben. Das ist so erfüllend und von solcher Harmonie, daß von Natur aus keine Spannung mehr existieren kann.

Wenn ich in meinem Körper oder anderswo in meinem Leben Spannungen wahrnehme, versuche ich nicht, sie zu beseitigen, sondern die beiden Teile, zwischen denen Spannung besteht, wieder zu vereinen.

Beide Pole entspringen der Quelle deines Seins, also sind beide Teil deines Wesens. Deswegen sage ich, daß du letztendlich alle sexuellen Probleme lösen kannst, indem du zu deiner Quelle zurückkehrst. Aber schaffe dir in der Zwischenzeit nicht ein *noch* größeres Problem, indem du ein Drama daraus machst.

Alles was wir tun, ist der Ausdruck von etwas, das einer tieferen Ebene entstammt. Ein Problem wird dir durch deinen Körper, deinen

Verstand oder durch dein Herz aufgezeigt. Das alles sind Bühnen, auf denen etwas ausgelebt wird.

Finde das Drehbuch deines Lebens, zerreiße es, wirf es weg und schreibe deine Geschichte, während du sie lebst. Das einzige Drehbuch, das wert ist geschrieben zu werden, ist jenes, das du schreibst, indem du es lebst.

Meditationen

Vorwort

Göttlicher Sex hat seinen Ursprung in der kosmischen Energie.
In diesem Kapitel stellen wir vier *Wild Goose* Meditationen vor, die kosmische Energie direkt erfahrbar machen. Diese Meditationen sind in erster Linie Partnerübungen, haben jedoch keinen ausgesprochen sexuellen Charakter. Sie können mit jedem, in einigen Fällen auch allein, ausgeführt werden. Je offener und experimentierfreudiger an diese Meditationen herangegangen wird, desto mehr kann dabei entdeckt werden.
Normalerweise werden diese Meditationen in Seminaren ausschließlich unter mündlicher Anleitung durchgeführt. Hier haben wir sie so kurz und prägnant wie möglich beschrieben, um den Übenden nicht mit zu ausführlichen Erklärungen zu verwirren. Jeder Meditation geht ein kurzer Theorieteil voraus, gefolgt von einer leicht verständlichen Schritt-für-Schritt-Anleitung und einer Abbildung.
Die Meditationen wurden von Michael Barnett nicht im eigentlichen Sinne entwickelt, sondern entsprangen spontan seiner Verbindung mit dem Kosmos. Seit vielen Jahren werden sie von ihm und seinen Therapeuten in Seminaren und Trainings verwendet.

Einführung

In der Alltagssprache verwendet man das Wort 'Meditation', um entweder einen Zustand geistiger Versenkung, tiefen Nachdenkens oder die beim Meditieren eingenommene Stellung (Lotussitz und geschlossene Augen) zu beschreiben.

Meditation bezeichnet aber auch den Zustand, in dem man nicht mehr vom Universum getrennt ist; man ist nicht mehr aktiv im eigentlichen Sinne, sondern gibt sich der Bewegung des Universums hin.

In diesem Kapitel sind mit Meditation bestimmte Übungssequenzen oder Bewegungen gemeint, die den Übenden wieder in Verbindung mit der kosmischen Energie bringen.

Die Meditationen sollen mit größtmöglicher Bewußtheit ausgeführt werden. Das heißt, du beobachtest einfach nur, was während der Meditation in dir vorgeht - ohne darauf zu reagieren, ohne dich damit zu identifizieren. Wenn du spürst, daß du von deinen Gedanken oder Gefühlen abgelenkt wirst, kann es hilfreich sein, dich eine Zeitlang auf deinen Atem zu konzentrieren, auf die Empfindung deiner den Körper berührenden Hand oder auf irgend etwas, das deine Aufmerksamkeit wieder zurück zur Meditation lenkt.

Falls du eine der Meditationen mit deinem Beziehungspartner machst, versuche ihm außerhalb der gewohnten Beziehungsstruktur zu begegnen. Gib dabei nicht der Versuchung nach, in gewohnte Verhaltensweisen zu flüchten, um damit der Intensität der Situation oder einem unangenehmen Gefühl auszuweichen; z. B. indem ihr lacht, miteinander redet, Witze macht, oder indem der üblicherweise dominante Partner die Kontrolle übernimmt usw.

Dies soll keineswegs deine Handlungsfreiheit einschränken, sondern vielmehr einen Raum und eine Atmosphäre schaffen, in der Neues geschehen kann und du dein eigenes Potential und das eurer Beziehung entdecken kannst.

Wir empfehlen, die Meditationen einige Male genau nach Beschreibung durchzuführen. Nach einer Weile mag man dann frei mit ihnen experimentieren.

Laß die beschriebenen Bewegungsabläufe einfach geschehen, ohne zuviel darüber nachzudenken, ob du die richtige Position einnimmst; dein Körper weiß in der Regel, was zu tun ist. Heißt es zum Beispiel 'Bringe deinen Diamanten über den Kopf', so kann das sowohl eine Stelle dicht über dem Scheitel sein als auch zehn Zentimeter darüber - je nachdem, was sich für dich richtig anfühlt; 'Herz' kann in diesem Zusammenhang eine beliebige Stelle in der Herzgegend bedeuten.

Laß alle Töne zu, die während der Meditation in dir hochkommen und erlaube deinen Augen, sich zu öffnen oder zu schließen.

Sei dir deines Atems bewußt, atme nicht mechanisch. Oft ist es vorteilhaft, durch den Mund zu atmen. Atmen sollte eher rezeptiv als aktiv sein. Stelle dir die Lungen als Höhlen vor, die durch Ebbe und Flut des Ozeans geleert und wieder gefüllt werden.

Die Zeitangaben für die Meditationen oder die jeweiligen Bewegungsabläufe dienen lediglich der Orientierung. Fühle dich in jede Situation ein, und laß die einzelnen Bewegungen von sich aus zu einem Ende kommen. Laß dir Zeit und versuche nicht, dich den Bewegungen deines Partners anzupassen. Beginne, bzw. beende die Bewegungen nicht ruckartig, sondern erlaube ihnen, ineinander überzugehen oder von selbst auszuklingen.

Wähle einen passenden Zeitpunkt und einen geeigneten Ort. Am besten ist es, Ruhe und genügend Zeit zu haben (die Kinder schlafen, das Telefon ist abgestellt). Laß alle Probleme und Gedanken beiseite. Schaffe eine Atmosphäre, in der du gelassen und entspannt bist.

Die Meditationen können mit oder ohne Musik ausgeführt werden.

Göttlicher Sex

Begriffserklärung

Der ***Goose-Punkt*** ist Michael Barnetts Bezeichnung für das Philtrum, die Stelle zwischen Nase und Oberlippe. Obwohl es üblicherweise nicht als eines der Chakren aufgeführt wird, ist es ein starkes Energiezentrum, das in Michael Barnetts Energiearbeit von wesentlicher Bedeutung ist.

Der ***Diamant*** ist eine Figur, die mit den Händen gebildet wird, indem man Daumen und Zeigefinger beider Hände so zusammenbringt, daß sich die Fingerspitzen berühren - eine elementare Figur in der Energiearbeit.

Sich einstimmen bedeutet, gewohnte Verhaltensweisen zu unterbrechen, um bewußter und feinfühliger für das zu werden, was uns umgibt.

Der ***Goose-Blick*** ist eine weite, offene und weiche Art des Schauens, die es uns ermöglicht, alles in uns aufzunehmen, was uns umgibt.
Die folgende Übung vermittelt einen Eindruck davon:
Forme mit deinen Händen ca. zehn Zentimeter vor deinem Gesicht einen Diamanten. Schaue durch den Diamanten in die Ferne, richte aber deine Aufmerksamkeit trotzdem auf deine Hände. Bewege sie dann ganz langsam seitlich auseinander, bis der Abstand zwischen ihnen ungefähr einen Meter beträgt - schau immer noch geradeaus, behalte dabei aber deine Hände im Blick. Du siehst jetzt immer noch deine Hände, aber auch alles andere, was sich in deinem Blickfeld befindet, obwohl dein Blick auf nichts Bestimmtes fixiert ist.

Die *Chakraleiter* ist ein System von Energiezentren entlang der Körpermitte.

Von oben nach unten:

1. **Kronenchakra** (Lotuszentrum): Direkt über dem Scheitelpunkt.
2. **Drittes Auge** (Stirn): In der Mitte der Stirn.
3. **Goose-Punkt** (Philtrum): Zwischen Oberlippe und Nase.
4. **Halszentrum** (Kehle)
5. **Herz:** In der Mitte der Brust, nicht links.
6. **Solarplexus:** Direkt unter dem Brustbein, oberhalb des Magens.
7. **Hara** (Bauch): Zwischen Nabel und Schambein.
8. **Sexzentrum** (Wurzelzentrum): Der Genitalbereich.

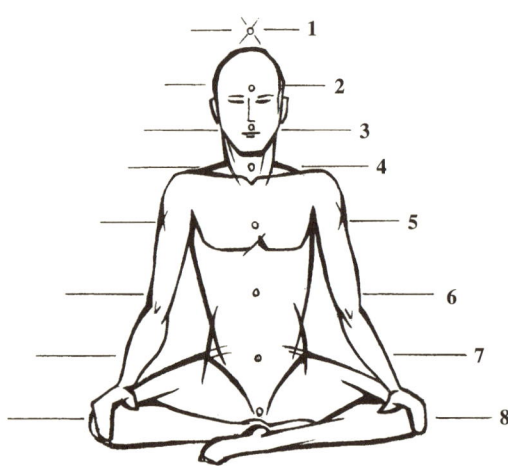

1. MEDITATION - *GOOSE COCKTAIL PARTY HELLO*

Diese Meditation zeigt dir, wie du den anderen wirklich wahrnehmen kannst - ohne Bewertung und unbelastet von der Vergangenheit. Besonders wenn man miteinander streitet, sich vom Partner distanziert fühlt oder wütend auf ihn ist, kann sie dazu verhelfen, die Situation aus einer anderen Perspektive zu betrachten.

Zu Beginn der Meditation sitzt ihr euch gegenüber und schaut euch an. Eure Knie berühren sich. Seid euch sowohl der vorhandenen Spannungen, Gefühle, Konflikte und Beurteilungen bewußt als auch der Tatsache, daß ihr euch still gegenübersitzt und euch aufeinander einstimmt. Bleibt in diesem Zustand der Aufmerksamkeit und laßt jede Art des Atmens zu.

Legt nun die Hände auf die Schultern des Partners, bringt eure Köpfe zusammen und schließt die Augen. Bleibt solange in dieser Position, wie es sich richtig anfühlt, mindestens jedoch ein paar Minuten.

Löst nun langsam den Kontakt mit eurem Partner, haltet aber die Augen noch geschlossen. Sitzt einfach da und spürt euch. Seid euch der Verbindung bewußt, die zwischen euch entstanden ist.

Erlaubt euren Augen sich zu öffnen, wenn sie bereit sind und laßt sie schauen, wohin sie wollen. Dann schaut ihr euch wieder in die Augen, aber diesmal mit dem *Goose-Blick*. Spürt, was sich jetzt anders anfühlt, was mit den Spannungen zwischen euch geschehen ist, wie sich die Wahrnehmung verändert hat.

Jetzt könnt ihr geschehen lassen, was sich spontan ergibt.

Durch diese Meditation erfahren wir eine Realität, die jenseits von Konflikten und persönlichen Wertungen liegt. Sie stellt eine Ebene dar, auf der eine natürliche Verbindung zwischen uns besteht und ist der Beginn einer Einheit, die immer erreichbar ist.

Wenn man das Wesen des Partners auf dieser kosmischen Ebene

erfährt, nimmt man ihn in seiner Ganzheit an. Und das geht weit über das übliche Tolerieren und Akzeptieren innerhalb einer Partnerschaft hinaus.

ZUSAMMENFASSUNG

1. Setzt euch einander gegenüber, eure Knie berühren sich.
2. Schaut euch in die Augen.
3. Legt die Hände auf die Schultern des Partners, bringt die Köpfe zusammen und schließt die Augen. Bleibt in dieser Position, solange ihr wollt, jedoch mindestens ein paar Minuten.
4. Haltet die Augen noch geschlossen, löst aber den Körperkontakt.
5. Laßt eure Augen sich öffnen und richtet euren Blick langsam auf die Augen eures Partners; schaut euch mit dem *Goose-Blick* an.
6. Laßt alles geschehen, was sich ergibt.

(Dauer: ca. 20 - 30 Min.)

2. MEDITATION - *CONNECTING*

Es ist durchaus möglich, jahrelang eine enge Beziehung mit jemandem zu haben, ohne daß auf bestimmten Ebenen eine Verbindung entsteht. Diese Meditation ermöglicht es, dem anderen auf einer tiefen energetischen Ebene zu begegnen. Sie ist eine intensive Erfahrung und kann durch das Entdecken neuer Möglichkeiten das Spektrum eurer Beziehung erweitern.

Man stellt zwischen seinen Energiezentren und denen des Partners eine Verbindung her. In diesen Zentren bündeln sich verschiedene Energien, die eine sehr starke Ausstrahlung haben, aber auch für Energien von außen empfänglich sind. Außerdem erforscht man mit seinem Blick das Energiefeld des Partners. Das Energiefeld oder die 'feinstofflichen Körper', die den physischen Körper umgeben, sind eine Fortsetzung des körperlichen Energiesystems. Sie sind normalerweise nicht sichtbar, können jedoch direkt erfahren werden.

Setze dich, mit einem Abstand von etwa 20 cm zwischen euren Knien, deinem Partner gegenüber und schaue ihm in die Augen.

Im ersten Teil der Meditation schaust du auf die Energiezentren deines Partners und wanderst mit deinem Blick die Chakraleiter hinunter und wieder hinauf. Dabei öffnest du gleichzeitig deine Zentren für den Blick deines Partners. Durch das Anschauen werden diese Zentren aktiviert und es entsteht eine Verbindung, eine direkte Linie zwischen deinen Zentren und denen deines Partners.

Diese Verbindungslinien bleiben bestehen, während dein Blick von einem Zentrum zum nächsten wandert. Wenn du zum Beispiel im Stirnbereich eine solche Linie geschaffen hast und dein Blick als nächstes zum *Goose-Punkt* wandert, dann kannst du immer noch die energetische Verbindungslinie zwischen eurer Stirn spüren, während du zwischen den *Goose-Punkten* eine neue Linie entstehen läßt. Schaust

Göttlicher Sex

du zuletzt das Sex-Zentrum an, so spürst du gleichzeitig die pulsierenden Verbindungslinien aller anderen Zentren.

Läßt du deinen Blick dann wieder die Chakraleiter hinaufwandern, fühlst du vielleicht, daß es nicht mehr nötig ist, die einzelnen Zentren so lange anzuschauen wie beim ersten Mal, weil sie jetzt alle aktiviert sind.

Der zweite Teil der Meditation heißt 'Tao-Spaziergang mit den Augen'. Dabei handelt es sich um eine weniger direkte Art, den anderen aufzunehmen und selbst aufgenommen zu werden.

Laß deinen Blick vom Kronenchakra deines Partners hinunter zu seinen Augen gleiten und schaue ihn eine Weile mit dem *Goose-Blick* an.

Laß dann deinen Blick absichtslos über den Körper deines Partners schweifen. Diese Art des Schauens ist rezeptiv, denn die Verbindungslinie zwischen deinen Augen und dem, was sie betrachten, ist nach beiden Richtungen hin offen. Vielleicht verweilt dein Blick irgendwo oder wandert hin und her, manchmal schnell, manchmal langsam. So zu schauen, gleicht einem Dahingleiten auf dem Ozean - du nimmst nicht jede einzelne Welle als isoliertes Objekt wahr, sondern umfaßt alle Wellen mit einem einzigen Blick. Weil du deinen Blick auf nichts Bestimmtes richtest, kannst du deinen Partner als Ganzes wahrnehmen. Spüre während der Meditation auch, wie der Blick deines Partners, der die Bewegung deines Schauens durchaus beeinflussen kann, auf dich wirkt.

Nun kann sich dein Blick auch auf die feinstofflichen Bereiche ausweiten, die deinen Partner umgeben, und allmählich alles aufnehmen, was sich in seiner Umgebung befindet. Du verbindest dich mit der Ganzheit dessen, was deine Augen bereisen, erforschen und berühren.

Jetzt kannst du der Energie erlauben, in dir zu fließen und deinen Körper zu bewegen.

Den Tao-Spaziergang mit den Augen kannst du auch alleine und in jeder beliebigen Situation machen - wenn du im Bus von der Arbeit nach Hause fährst, wenn du auf einen Zug wartest usw.: Schließe für einige Sekunden die Augen und erlaube ihnen dann, sich von selbst wieder zu öffnen. Laß deinen Blick umherwandern und spüre dabei, wie du beginnst, deine Umwelt auf eine neue Art und Weise wahrzunehmen.

ZUSAMMENFASSUNG

1. Setze dich deinem Partner gegenüber. Zwischen euren Knien ist ein Abstand von ca. 20 cm.
2. Schaue deinem Partner in die Augen.
3. Laß deinen Blick zum Kronenchakra über dem Kopf deines Partners wandern. Richte deine Aufmerksamkeit innerlich auf denselben Punkt bei dir. Halte eine Weile inne. Spüre, wie eine energetische Verbindungslinie zwischen den beiden Punkten entsteht.
4. Behalte diese Verbindung bei und laß deinen Blick langsam nach unten zum nächsten Chakra, der Stirn deines Partners, gleiten. Richte gleichzeitig deine Aufmerksamkeit auf die eigene Stirn. Halte inne und spüre diese neue Verbindungslinie.
5. Wandere mit deinem Blick und deiner inneren Aufmerksamkeit die Chakraleiter hinunter *(Goose-Punkt,* Kehle, Herz, Solarplexus, Hara) bis zum Sexzentrum und mache bei jedem Chakra dasselbe. Versuche, so weit als möglich gleichzeitig mit deinem Partner von einem Chakra zum anderen zu wechseln.
6. Wandere mit deinem Blick die Leiter auf die gleiche Weise wieder nach oben, bis du zum Kronenchakra kommst.
7. Laß deinen Blick dann langsam zu den Augen deines Partners gleiten und zu einem weichen, weiten *Goose-Blick* werden.
8. Wenn du bereit bist, beginne den Tao-Spaziergang mit den Augen: Laß deinen Blick eine Weile über den Körper deines Partners schweifen; beziehe dann auch das Umfeld des Körpers mit ein und erlaube schließlich deinem Blick überall hinzuwandern.
9. Erlaube der Energie, in dir zu fließen und deinen Körper zu bewegen.

(Dauer: ca. 30 - 40 Min.)

3. Meditation - *Bodyflow*

Im Bodyflow erlaubst du deinem Körper sich zu bewegen, ohne daß du Einfluß darauf nimmst; du entscheidest nicht, wie diese Bewegungen aussehen sollen.

Wenn sich die Grenze zwischen dir und den dich umgebenden Energien auflöst, ist es dir möglich, dich von diesen Energien bewegen zu lassen. Dein Körper, deine Energie, dein ganzes Wesen bewegt sich im Einklang mit dem, was dich umgibt.

" Beim Bodyflow öffnest du dich der Energie, die überall ist - auch in dir. Du erkennst, daß du kein isoliertes Wesen bist. Es ist, als wärst du ein Gefäß im Ozean; indem du das Gefäß zerbrichst oder es sehr durchlässig machst, erlaubst du dem Meer, das dich umgibt und dem Meer in dir, sich zu vereinen. In diesem Moment entsteht die Bewegung des Bodyflows." M.B.

Finde einen Ort, an dem du genug Platz hast; stehe ganz still und schließe die Augen.

Nimm deine Umgebung bewußt wahr - die Geräusche, deinen Atem, spüre den Boden unter deinen Füßen...

Richte dann die Aufmerksamkeit dorthin, wo dein Körper endet und der dich umgebende Raum beginnt. Stell dir vor, dein Körper löst sich auf. Gleichzeitig läßt du deine Umgebung in dich einströmen, dich durchdringen, bis du Teil von ihr bist.

Erlaube deinem Körper jetzt sich zu bewegen - von dem *bewegt zu werden*, was ihn umgibt. Zu Beginn bist du vielleicht eher zurückhaltend; es mag sich sehr ungewohnt anfühlen und den Anschein haben, als würdest du die Kontrolle über deinen Körper verlieren. Du kannst dieses Bewegtwerden jederzeit unterbrechen, indem du die Führung wieder selbst übernimmst. Wenn es wichtig für dich ist, dann experimentiere so lange mit dem Loslassen und Wiedererlangen der Kontrolle, bis du ein Gleichgewicht gefunden hast, in dem du dich wohlfühlst.

Es kann aber auch sein, daß du zunächst gar nichts Ungewöhnliches spürst, daß es keinen Impuls für eine Bewegung zu geben scheint. In diesem Fall ist es hilfreich, dir selbst einen kleinen Schubs zu geben, indem du ganz bewußt eine Bewegung machst und dann zuläßt, daß sich weitere Bewegungen daraus ergeben.

Sobald ein Bewegungsfluß entstanden ist, laß ihn weitergehen. Du wirst vielleicht feststellen, daß du nach einer Weile von der stehenden Position zum Sitzen oder Liegen kommst. Erlaube der Bewegung sich fortzusetzen, bis sie von selbst aufhört. Vielleicht ist es nur eine kleine Pause, aus der sich weitere Bewegungen ergeben. Irgendwann wird die Meditation jedoch von selbst zu einem Ende kommen. Bleibe dann noch eine Weile ruhig liegen oder sitzen.

BODYFLOW ZU ZWEIT

Diese Meditation basiert auf demselben Prinzip wie Bodyflow.
Zu Beginn stehen sich die Partner gegenüber und halten einander an den Händen, die Augen sind dabei geschlossen.
Versuche nun den Vorgang der Auflösung zu spüren, der zwischen dir und deiner Umgebung und auch zwischen dir und deinem Partner vor sich geht.
Beginne dann mit dem Bodyflow, halte aber dabei deinen Partner an den Händen. Sei mit dem natürlichen Fluß deiner eigenen Bewegungen flexibel, damit du den Bewegungen deines Partners Raum geben kannst. Zuerst fühlt sich das vielleicht etwas eigenartig an, aber bald werdet ihr euch zusammen wie eine Einheit bewegen.
Haltet einander eine Weile an den Händen, so daß sich keiner von euch in seinen eigenen Bewegungen verliert. Ist die energetische Verbindung zwischen euch stark genug, um den Kontakt zum Partner nicht zu verlieren, könnt ihr den Kontakt eurer Hände lösen. Laßt alle Bewegungen und Töne zu, die sich jetzt ergeben.
Wenn die Bewegung zu einem Ende gekommen ist, bleibt noch eine Weile still zusammen.

ZUSAMMENFASSUNG

1. Steht euch gegenüber und haltet euch an den Händen.
2. Schließt die Augen, stimmt euch auf einander ein.
3. Laßt jede Bewegung zu, aber behaltet den Handkontakt.
4. Laßt die Hände sich lösen, wenn sie es wollen, bleibt aber in Verbindung.
5. Seid ihr zu einem Ende gekommen, bleibt zusammen sitzen oder liegen.

(Dauer: ca. 30 - 50 Min.)

4. DIAMANT-MEDITATION

Dieses Buch will einen Weg zu einer tieferen Verbindung zwischen Menschen aufzeigen. Es kann uns helfen, zu dem Ort zurückzufinden, wo wir in unserem natürlichen Fluß sind und kein Bedürfnis haben, uns zu ändern oder etwas verändern zu wollen.

Diese Meditation gibt uns die Möglichkeit, uns diesem Ort allmählich zu nähern oder direkt hineinzuspringen.

Mache sie nur dann, wenn das Verhältnis zu deinem Partner klar und harmonisch ist und ihr in einem offenen und empfänglichen Zustand seid - idealerweise im Anschluß an eine der vorangegangenen Meditationen.

Gerade bei dieser Meditation ist es besonders wichtig, daß ihr nicht gestört oder abgelenkt werdet.

Setze dich im Schneidersitz deinem Partner gegenüber. Schaue ihm so lange mit dem *Goose-Blick* in die Augen, wie es für dich stimmt.

Bilde dann über deinem Kopf einen Diamanten, der sich leicht zu deinem Partner hinneigt. Richte nun deinen Blick auf seinen Diamanten. Schaue entspannt sowohl in den Diamanten als auch auf den Raum, der ihn umgibt und spüre den Blick deines Partners auf deinem Diamanten.

Auf diese Weise entsteht eine Verbindung zwischen dir und dem Diamanten deines Partners. Sobald beide Diamanten aktiviert sind, entsteht auch eine direkte Verbindung zwischen den Diamanten selbst.

Bringe den Diamanten jetzt langsam in einem Halbkreis nach unten. Dabei drehst du ihn allmählich um 180 Grad, bis er schließlich auf deinem Bauch liegt. Folge dabei gleichzeitig mit einem offenen und aufnahmebereiten Blick dem Diamanten deines Partners.

Dann bringst du den Diamanten auf dieselbe Weise wieder über deinen Kopf und folgst dabei mit deinem Blick der Bewegung des Diamanten deines Partners.

Bringe deinen Diamanten auf die gleiche Weise langsam hinunter zum Sex-Zentrum und wieder zurück über den Kopf.

Du wirst spüren, daß durch die offene und rezeptive Art des Schauens und die Bewegungen des Diamanten alle Chakren aktiviert werden und sich dein gesamtes Energiesystem auflädt.

Bleibe in diesem Gefühl und bringe deinen Diamanten - diesmal ohne ihn zu drehen - langsam vor dein Gesicht.

Schaue durch beide Diamanten in die Augen deines Partners. Die Energiezentren sind jetzt aktiv, und du schaust sozusagen mit deinem ganzen Wesen.

Laß deinen Diamanten jetzt langsam nach vorne wandern, bis er den Diamanten deines Partners berührt. Behaltet dabei den Augenkontakt. Während ihr euch immer noch in die Augen schaut, bringst du dein Gesicht langsam deinem Diamanten näher, bis du ihn beinahe berührst. Fühle die Präsenz deines Partners.

Nach einer Weile bringst du deinen Kopf langsam wieder zurück und erlaubst den Diamanten, sich zusammen zu bewegen. Schaue deinen Partner dabei weiterhin an.

Nachdem sich die Diamanten eine Zeitlang zusammen bewegt haben, schließe die Augen. Fahre mit der Bewegung der Diamanten fort, bis sie sich voneinander trennen. Laß alle Bewegungen zu, die jetzt geschehen, bleibe aber in sitzender Position.

Wenn keine Bewegung mehr stattfindet, bleibe einfach eine Weile still sitzen. Erlaube jetzt deinen Augen sich zu öffnen und das erste zu betrachten, was sie sehen. Laß dann deinen Blick langsam zu den Augen deines Partners wandern.

(Dauer: ca. 30 - 50 Min.)

ZUSAMMENFASSUNG

1. Setze dich deinem Partner im Schneidersitz gegenüber. Schaue ihn mit dem *Goose-Blick* an.
2. Bilde einen Diamanten über deinem Kopf und schaue gleichzeitig auf den Diamanten deines Partners.
3. Bewege den Diamanten langsam in einem Halbkreis zum Bauch hinunter und drehe ihn dabei um 180 Grad. Folge gleichzeitig mit deinem Blick dem Diamanten deines Partners. Halte dort eine Weile inne.
4. Bringe den Diamanten langsam auf die gleiche Weise wieder über deinen Kopf und folge mit deinem Blick immer noch dem Diamanten deines Partners.
5. Bringe den Diamanten jetzt hinunter zum Sex-Zentrum. Halte auch dort eine Weile inne.
6. Bringe den Diamanten dann wieder zurück über den Kopf.
7. Bringe deinen Diamanten, ohne ihn zu drehen, langsam nach unten vor deine Augen. Schau für eine Weile durch beide Diamanten in die Augen deines Partners.
8. Bringe deinen Diamanten langsam nach vorne, bis er den deines Partners berührt.
9. Schaue weiterhin durch die Diamanten in die Augen deines Partners und bewege deinen Kopf sehr langsam nach vorne, bis er deinen Diamanten fast berührt. Bleibe eine Zeitlang in dieser Position.
10. Bringe deinen Kopf langsam wieder zurück und schaue dabei deinen Partner weiterhin an, während du den beiden Diamanten erlaubst, sich langsam zusammen zu bewegen.
11. Laß die Diamanten auf die Reise gehen und schließe deine Augen.
12. Fahre mit der Bewegung der Diamanten fort, bis sie sich voneinan der trennen. Laß alle Bewegungen zu, bleibe aber sitzen.
13. Wenn die Bewegungen aufhören, bleibe eine Weile still. Erlaube dann deinen Augen sich zu öffnen und schaue deinen Partner an.

1

2

3

4
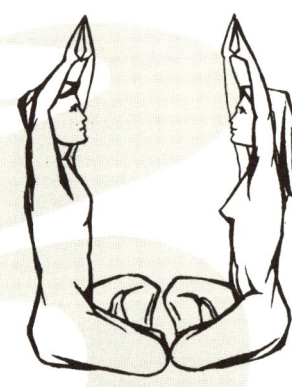

5

6

7

8

9
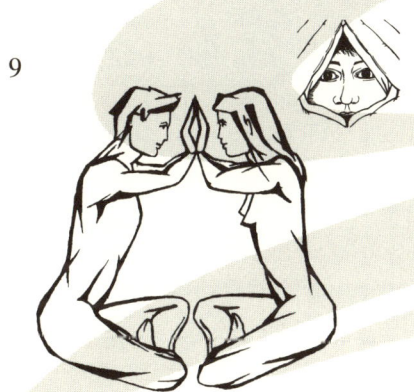

10

11

12

Über den Autor

Michael Barnett, in London geboren, studierte in Cambridge Mathematik und Jura.

Nach einem erfolgreichen Universitätsabschluß und einer Karriere als Geschäftsmann wurde er in den späten 60er Jahren zu einem der Vorreiter des *Human Growth Movement,* einer Initiative für humanistische Psychologie. Er war einer der Pioniere alternativer Heil- und Selbsthilfemethoden, gründete 1969 das Selbsthilfenetzwerk *People Not Psychiatry* und 1972 das Selbsterfahrungs-Zentrum *Community.*

1974 zog es ihn nach Poona, Indien, wo er in Bhagwan Shree Rajneesh seinen spirituellen Lehrer fand und den Großteil der nächsten acht Jahre verbrachte. Hier war es ihm möglich, seine *Energiearbeit* weiterzuentwickeln und zu vertiefen. Er wurde schnell zu einem der führenden Therapeuten der frühen Rajneesh-Bewegung.

1982 trennte er sich von seinem spirituellen Lehrer.

1984 hatte er sein Erleuchtungserlebnis und entschied sich, seine Arbeit und seine Erkenntnisse mit Menschen auf der ganzen Welt zu teilen. Zu diesem Zweck gründete er noch im selben Jahr die *Wild Goose Company*, ein ständig wachsendes Netzwerk von Menschen, die sich für seine Arbeit und deren Anwendung interessieren.

1993 gründete er *Energy World*, ein Zentrum, das der Erforschung des Lebens aus energetischer Sicht gewidmet ist. Energy World, ein 170 Hektar großes Anwesen, liegt im Südwesten Frankreichs. Dort lebt und arbeitet er mit einer Gemeinschaft von 100 Erwachsenen und 20 Kindern.

Michael Barnett leitet weltweit ungefähr 25 Seminare pro Jahr. In seiner Arbeit verwendet er die vielfältigsten Methoden: Energiearbeit, Diamant Yoga, Vorträge, Körperarbeit, gelegentlich Encounter - aber auch Tanzen, Lachen, Herumalbern, Necken - und Stille.

Darüber hinaus ist er mit den verschiedensten religiösen Traditionen vertraut, zitiert Christus, Buddha, die Veden, die Taoisten und verfügt über eine ausgezeichnete Belesenheit zeitgenössischer Meister wie Gurdjieff, Ramakrishna und René Guénon. Häufig illustriert und unterstreicht er seine Aussagen anhand von Beispielen aus dem Zen, der in seiner Arbeit eine besondere Stellung einnimmt.

Glossar

Anmerkung: Die Begriffe in *kursiv* sind im Glossar definiert.

Authentisch (griech./lat.: echt, zuverlässig): Authentisch zu leben heißt, die *Bewegung des Universums* in uns zum Ausdruck kommen zu lassen ohne sie zu beeinflußen, und direkt aus dem *essentiellen Selbst* heraus zu handeln.

Bewegung des Universums: Das Universum befindet sich in einem immerwährenden Zustand der Veränderung und Bewegung. Der Mensch, als Teil des Universums, wird ständig von diesen sich verändernden und sich bewegenden Energien berührt. Die Bewegung des Universums hat eine Eigendynamik, die nicht von unseren persönlichen Neigungen beeinflußt wird und jenseits dessen liegt, was normalerweise mit dem menschlichen *Verstand* erfaßt werden kann.

Buddha (sanskr.: 'Der Erleuchtete'; auch: Gautama, Shakyamuni): 6. Jh. v. Chr. Begründer des Buddhismus in Indien. Der Schwerpunkt seiner Lehre liegt auf Bewußtheit, Mitgefühl und darauf, dem Kreislauf von Leben, Tod und Wiedergeburt zu entkommen. Er hielt Tausende von Diskursen, von denen die meisten bis zum heutigen Tag erhalten sind.

Dimension: siehe *Ebene*

Ein **Drama** machen: Einer Situation und somit sich selbst unnötige Wichtigkeit verleihen.

Dualität: Das Konzept des Getrenntseins, der Zweiheit, im Gegensatz zum Konzept des *Einsseins*, der *Einheit*.

Ebene/Dimension: Das simultane Existieren von verschiedenen bis hin zu widersprüchlichen Aspekten der Realität. Sich selbst genügend, existieren sie unabhängig voneinander und bilden trotzdem eine Einheit. Im Text sind die Begriffe *Dimension* und *Ebene* weitgehend miteinander austauschbar.

Einheit, das Einssein von allem: Das Konzept, daß alle Dinge eine Einheit bilden und diese Einheit in allen Dingen enthalten ist.

Energie: Grundsubstanz des Universums, die sich in allen Formen ausdrückt.

Energiearbeit: Eine Methode, mittels derer wir mit feineren und fundamentaleren Energien in Kontakt kommen können. Michael Barnett war einer der Pioniere dieser Methode.

Essentielles Selbst: Der Teil des Selbst, der sich der *Bewegung des Universums* bewußt ist.

Fixierung, fixiert sein (engl.: attachment): Das Festhalten an etwas, dem man mehr Wichtigkeit verleiht als anderen Dingen.

Fundamentale Energie: siehe *Kosmische Energie*

Eine **Geschichte** machen: Einen künstlichen Zusammenhang zwischen Erfahrungen herstellen, damit sie in das Konzept unseres Lebens passen, weil uns dies ein Gefühl der Kontinuität gibt.

Hingabe (engl.: surrender): Sich selbst/seiner *Persönlichkeit* die Kontrolle über das Leben entziehen.

Innere Reise: Transformation des Selbst zum *essentiellen Selbst*.

Kanäle, energetische: Ein System von feinstofflichen Verbindungslinien im Körper, durch die Energie fließt.

Kosmische Energie: Die erste Form, in der sich *Energie* ausdrückt.

Kosmos: Ein Begriff, der verwendet wird, um alles zu umfassen. Beschreibt auch das Bewußtsein des Allumfassenden.

Leere: Die Abwesenheit aller Manifestation.

Meditation:
1) Ein Zustand geistiger Versenkung, tiefen Nachdenkens.
2) Eine Methode, um den *Verstand* zur Ruhe zu bringen und sich der Verbindung mit der *kosmischen Energie* bewußt zu werden.
3) Der Zustand des Einsseins mit dem Universum, Hingabe an die *Bewegung des Universums*.

Im **Moment/Augenblick** sein: Sich des gegenwärtigen Moments vollkommen bewußt zu sein, ohne auf etwas außerhalb davon Bezug zu nehmen.

Natur unseres Wesens, Ursprüngliche Natur: s. *Essentielles Selbst*

Ort (engl.: space): Der englische Begriff 'space' umfaßt die Begriffe Zustand, Raum und Ort.

Ouroboros: Schlange, die sich in den Schwanz beißt. Symbol für die Auflösung der Dualität. Bedeutet Ganzheit, Einssein von Männlichem und Weiblichem.

Persönlichkeit (griech.: persona = Maske): Die Gesamtheit eingeprägter Verhaltensweisen und *Programme*, im Gegensatz zum *essentiellen Selbst*.

Poona: siehe *Rajneesh*

Programm: Reaktionsmuster, die durch die *Fixierung* auf vergangene Erfahrungen entstehen.

Rajneesh: Bhagwan Shree Rajneesh (1931-1990), spiritueller Meister in Indien. Gründete 1972 in Poona eine spirituelle Gemeinschaft, die sich in den darauffolgenden zehn Jahren rapide vergrößerte; die Zahl seiner Schüler, Sannyasins genannt, reichte in die Zehntausende, darunter viele aus dem Westen.
1981 zog er mit seiner Gemeinschaft nach Oregon, USA. Diese Umsiedlung stieß sofort auf Widerstand und erhebliche Schwierigkeiten und endete in heftigen Konflikten und Verhaftungen. 1987 kehrte Bhagwan, der sich nun Osho nannte, zurück nach Poona und führte seine Arbeit dort weiter.

Transzendieren: Über die Wirkung von etwas hinausgehen, indem man sich auf eine andere *Ebene* begibt.

Universelle, ursprüngliche Energie: siehe *Kosmische Energie*

Universum: siehe *Kosmos*

Verstand (engl.: mind): Der englische Begriff 'mind' geht über den deutschen Begriff 'Verstand' hinaus. Er beinhaltet die Gesamtheit des bewußten und unbewußten Denkens. 'Mind' ist eine Kombination von Vernunft, Intellekt, Denken, Kopf, Ego und Gedanken.

Wertsystem: Angelernte Urteile und Meinungen.

Wild Goose Company: siehe Anhang, S. 110 *Über den Autor*

Zen: Eine buddhistische Sekte chinesischen Ursprungs, deren Schwerpunkt - unabhängig von Doktrinen - in der unmittelbaren Wahrnehmung der Realität liegt.

Literaturempfehlungen

TITEL IN DEUTSCH

Balsekar, R. S.	*Duett der Einheit* Context, Bielefeld
Blofeld, J. (Hrsg.)	*Huang Po: Der Geist des Zen* Scherz, München, 1983
Charon, J.	*Der Geist der Materie* Ullstein, Berlin, 1982
Chopra, D.	*Die heilende Kraft* Gustav Lübbe, Bergisch-Gladbach, 1990 *Die Körperseele* Gustav Lübbe, Bergisch-Gladbach, 1991 *Die Körperzeit* Gustav Lübbe, Bergisch-Gladbach, 1994
Dethlefsen, T.	*Schicksal als Chance* Goldmann, München, 1982
Dethlefsen, T. & Dahlke, R.	*Krankheit als Weg* Goldmann, München, 1984
Linssen, R.	*Vom Ego zum Licht* Silberschnur, Neuwied
Lutyens, M.	*Krishnamurti: Die Biographie* Aquamarin, Grafing, 1991
Meister Eckhart	*Deutsche Predigten und Traktate* Carl Hanser, München, 1963
Nisargadatta Maharaj	*Ich bin* Context, Bielefeld
Suzuki, D.T.	*Karuna - Zen und der Weg der tätigen Liebe* O.W. Barth, Bern-München, 1989 *Trajna - Zen und die höchste Weisheit* O.W. Barth, Bern-München, 1990 *Shunyata - Die Fülle in der Leere* O.W. Barth, Bern-München, 1991

Ward, M.	*Nutze den Schmerz* Verlag für angewandte Kinesiologie, Freiburg, 1991
Zukav, G.	*Die tanzenden Wu Li Meister* Rowohlt, Hamburg, 1981

TITEL IN ENGLISCH

Barrow, J.D. & Tipler, F.J.	*The Anthropic Cosmological Principle* Clarendon Press, 1986
Dowman, K.	*Sky Dancer: The Secret Life and Songs of the Lady Yeshe Tsogyel* Routledge & Kegan Paul, 1984
Gerber, R.	*Vibrational Medicine* Bear and Company, 1988
Gold, E. J.	*Life in the Labyrinth* IDHHB Inc., 1986
Guénon, R.	*Man and His Becoming* Rider & Co., 1928 *The Multiple States of Being* Lawson Publications, 1984
Klein, J.	*The Ease of Being* The Acorn Press, 1986 *Who Am I?* Element Books, 1988 *Be Who You Are* Element Books, 1989
Krishnamurti, J.	*Krishnamurti's Notebook* Gollancz, 1977
Krishnamurti, U. J.	*The Mystique of Enlightenment* Dinesh Vaghela Publications, 1982
Merton, T.	*On Zen* Sheldon Press, 1985
Xu-Yun	*Empty Cloud* Element Books, 1988

VIDEO: GÖTTLICHER SEX
- ein Rückblick auf Michael Barnetts *Sexualitäts-Seminar '94*

Michael Barnett
GÖTTLICHER SEX
- das Video zum Buch

Das Beste aus
Michael Barnetts
Sexualitäts-Seminar '94
in Energy World

VHS-Video
Spieldauer 130 Min.

Best.-Nr. 1828

Vorträge von Michael Barnett zu allen Aspekten der Sexualität und den damit verbundenen Problemen; Liveaufzeichnungen der vielen 'sexy' Happenings des Seminars...
Ein neuer, revolutionärer Einblick in die Natur der menschlichen Sexualität. Das Video ist eine Finladung, sich intensiver mit sich selbst auseinanderzusetzen und einen neuen Weg zu finden, um sich wieder mit der sexuellen Energie, der feinsten aller Energien, zu verbinden.

ÜBER DEN BUCHANDEL ERHÄLTLICH ODER DIREKT ÜBER ENERGY WORLD,
F-87360 VERNEUIL MOUSTIERS TEL: (0033) 55 68 25 30, FAX: (0033) 55 60 14 56

Ausführliche Übungsanleitungen & praktische Kurzdarstellungen, Meditationen und poetische Texte

Michael Barnett

DIAMANT YOGA HANDBUCH

Durch einfache Bewegungen zu innerem Frieden, natürlicher Ekstase und Transformation

304 Seiten, über 200 Fotos
ISBN 3-905 276-22-4

Diamant Yoga Übungen sind natürliche, fliessende Bewegungen, die eine entspannende, harmonisierende Wirkung auf den Körper haben. Sie sind das Ergebnis von Michael Barnetts eigener Suche und seiner langjährigen Arbeit mit Menschen auf der ganzen Welt.

Diamant Yoga erfordert weder spezielle Vorkenntnisse noch körperliche Fitness. Täglich zehn Minuten und der Körper wird sich beweglicher anfühlen, Spannungen lösen sich, das Wahrnehmungsvermögen wird intensiver, und Probleme werden plötzlich aus einem anderen Blickwinkel betrachtet.

Diamant Yoga bringt uns wieder in Einklang mit der natürlichen Schwingung unseres Seins.

ÜBER DEN BUCHANDEL ERHÄLTLICH ODER DIREKT ÜBER ENERGY WORLD,
F-87360 VERNEUIL MOUSTIERS TEL: (0033) 55 68 25 30, FAX: (0033) 55 60 14 56

Bodyflow - in den Armen des Universums
eine Meditation nach Michael Barnett

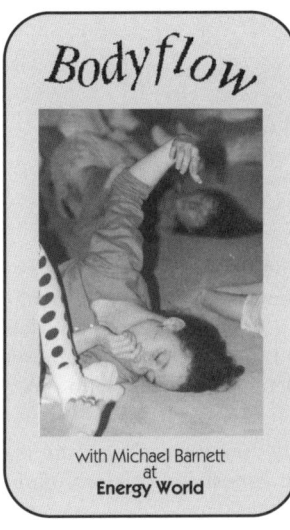

with Michael Barnett
at
Energy World

Michael Barnett
BODYFLOW MEDITATION

VIDEO
*VHS-Video, Spieldauer 55 Min. mit 12seitiger beschreibender Broschüre
Deutsch oder Englisch*

AUDIO
*Bodyflow Meditation + Bodyflow Musik + Anleitung und Hintergrundinformationen
Spieldauer 90 Min.
Deutsch oder Englisch*

B ei der Bodyflow Meditation geht es darum, Bewegungen zuzulassen.
Wir glauben, daß wir uns nur bewegen, wenn wir uns dazu entscheiden: durch eine innere Motivation oder einen Impuls von außen. Wenn wir lernen, uns für die Energien des Universums zu öffnen, werden wir von einer tiefen, längst vergessenen Weisheit bewegt.
Im Bodyflow-Video zeigt Michael Barnett, worum es bei dieser Meditation geht und wie man sich am besten darauf einstimmen kann. Die Meditation setzt sich aus drei Phasen zusammen und dauert insgesamt 45 Minuten. Sie erfordert weder spezielle Vorkenntnisse noch körperliche Fitness.

ÜBER DEN BUCHANDEL ERHÄLTLICH ODER DIREKT ÜBER ENERGY WORLD,
F-87360 VERNEUIL MOUSTIERS TEL: (0033) 55 68 25 30, FAX: (0033) 55 60 14 56

Vorträge und Gespräche

Michael Barnett
WENN NICHT NIE - DANN JETZT
148 Seiten
ISBN 3-905 276-21-6

Eine Sammlung aufrüttelnder Texte für alle, die ihr Leben nicht verschlafen wollen und auf der Suche nach Lebendigkeit und Wachheit sind.

Michael Barnett, spiritueller Lehrer und moderner Zen-Meister, schwingt seinen Zen-Stock auf unorthodoxe Weise: streng oder humorvoll, nachsichtig oder unerbittlich - aber immer mit Liebe. Er nutzt jeden Anlaß, um den Leser aus dem Schlaf zu rütteln. Denn das Ende aller Träume, Vorstellungen und Wünsche ist gleichzeitig auch das Ende aller Probleme und der Beginn einer neuen Wachheit und Lebendigkeit.

Der wahre Wunsch zielt darauf, keine Wünsche mehr zu haben, denn dann erfährst du Frieden, dann erfährst du Einfachheit, dann kannst du loslassen, dann ist alles 'einfach so'. MB

Michael Barnett
FERIEN IN TEUFELS KÜCHE
Vorträge, Briefe, Notizen und Gespräche
184 Seiten
Gemeinschaftsproduktion von Integral und CEC

ISBN 3-89304-330-6

Kurz & bündig, humorvoll & provokant - in Teufels Küche wird man gargekocht für's Göttliche.

Warum suchen so viele Menschen nach dem Glück, und warum scheitern sie so oft dabei? Warum gehen die guten Zeiten vorbei, und warum sinken wir in den schlechten so tief?
Michael Barnett sagt, daß all dies daher kommt, daß wir eine unwirkliche Welt bewohnen, die uns niemals geben kann, was zu genießen unser Geburtsrecht ist.
Tatsache ist, daß die Grundschwingung des Universums Freude ist. Das ist unser natürlicher Zustand. Und dazu kommt noch die Freude über diese Freude. Alles andere sind Schatten. MB

ÜBER DEN BUCHANDEL ERHÄLTLICH ODER DIREKT ÜBER ENERGY WORLD,
F-87360 VERNEUIL MOUSTIERS TEL: (0033) 55 68 25 30, FAX: (0033) 55 60 14 56

Vorträge und Gespräche

Michael Barnett
DER SOMA WEG
176 Seiten
13 s/w Fotos, broschiert

ISBN 3-905 276-04-6

Dieses Buch enthält Worte eines Menschen, der sich freimütig dazu bekennt, daß Worte nicht in der Lage sind, das zu beschreiben, was er als Wirklichkeit erkannt hat.
Es gibt eine Sprache, die den Verstand keine Luftschlösser bauen läßt, sondern ihn zur Ruhe bringt. Sie bewegt sich von der Hoffnung auf die Zukunft - hin zur Liebe in der Gegenwart. MB

Michael Barnett
HANDBUCH FÜR DIE KUNST DES SPRINGENS
166 Seiten
ISBN 3-905 276-03-8

Der Klassiker unserer Buchkollektion! 14 konkrete Tips, wie man über die Grenzen des Denkens hinausspringen kann. 14 Wege, den rastlosen Geist zu überlisten, um aus dem eigenen subjektiven Gefängnis auszubrechen und innere Freiheit zu kosten.
Gib's auf, ein guter Mensch zu sein - wenn du dich traust. MB

Michael Barnett
ES GIBT NICHTS BESSERES
Vorträge, Meditationen und Gedichte
208 Seiten
30 s/w Fotos und Zeichnungen

ISBN 3-905 276-09-7

Was könnte großartiger sein als eine Lehre, die besagt, daß alle Menschen Buddhas sind und dabei hilft, diese Tatsache zu realisieren? Unabhängig davon, wer sie weitergibt - es gibt nichts Besseres.
Trotz aller Lehren und aller Weisheit auf Erden, kannst letzten Endes nur du selbst Erkenntnis erlangen. Du bist der Weise, du bist der Wissende. MB

ÜBER DEN BUCHANDEL ERHÄLTLICH ODER DIREKT ÜBER ENERGY WORLD,
F-87360 VERNEUIL MOUSTIERS TEL: (0033) 55 68 25 30, FAX: (0033) 55 60 14 56

BÜCHER VON MICHAEL BARNETT - IN ANDEREN SPRACHEN:

TITEL IN ENGLISCH:
People, Not Psychiatry (1973)
Energy and Transformation (1981)
The You Book (1981)
Budding Your Buddha (1982)
As It Is Is It (1982)
Nobody Knows My Name (1985)
Hints on the Art of Jumping (1986)
The Soma Road (1986)
The Greatest Teaching There Is (1987)
Song of the Wild Goose (1987)
At Heaven's Gate (1988)
This Other Cup of Purple (1988)
In the Quinx (1988)
Modern Times (1989)
The World as Child (1990)
The Arrow of Man (1991)
Waking Up! (1991)
Diamond Yoga Handbook (1992)
Zero Days (1992)
Walking through Ashes (1993)
The Goose is Out! (1994)
Be Free (1995)

TITEL IN ITALIENISCH:
Persone, non Psichiatria (1980)
Soma - La Via Bellissima (1988)
Entrando in una favola vera (1988)
Nel Quinx (1991)

TITEL IN DÄNISCH:
Mod Havet (1987)

TITEL IN HOLLÄNDISCH:
Dansen naar transformatie - Een visie op energie (1989)